Die venezianische Kirchenmusik von Baldassare Galuppi

D1729285

Ines Burde

Die venezianische Kirchenmusik von Baldassare Galuppi

PETER LANG

Frankfurt am Main · Berlin · Bern · Bruxelles · New York · Oxford · Wien

Bibliografische Information der Deutschen Nationalbibliothek
Die Deutsche Nationalbibliothek verzeichnet diese Publikation in
der Deutschen Nationalbibliografie; detaillierte bibliografische
Daten sind im Internet über <http://www.d-nb.de> abrufbar.

Zugl.: Halle-Wittenberg, Univ., Diss., 2007

Abbildung auf dem Umschlag:
Blick in das nördliche Querschiff und auf die Sängeremporen
von S. Marco in Venedig
Federzeichnung in Braun über Bleistift, grau laviert,
stellenweise mit Deckweiß gehöht von Canaletto,
1766, 35,7 x 27,1 cm
Original: Hamburg, Hamburger Kunsthalle / 21112

bpk/Hamburger Kunsthalle.
Foto: Christoph Irrgang

Gedruckt auf alterungsbeständigem,
säurefreiem Papier.

3
ISBN 978-3-631-57920-6
© Peter Lang GmbH
Internationaler Verlag der Wissenschaften
Frankfurt am Main 2008
Alle Rechte vorbehalten.

Printed in Germany 1 2 3 4 5   7
www.peterlang.de

INHALT

TABELLEN

I. EINLEITUNG

Baldassare Galuppi (1706-1785) gilt bis heute als einer der bedeutendsten Opernkomponisten des 18. Jahrhunderts. In Zusammenarbeit mit Carlo Goldoni prägte er etwa zwischen 1750 und 1770 vor allem die Gattung des italienischen dramma giocoso und war mit drammi per musica traditioneller Prägung, vornehmlich nach Libretti von Pietro Metastasio, sehr erfolgreich. So ist es auch verständlich, dass das Interesse der bisherigen Forschungen sich vorwiegend auf die Opern konzentrierte.[1]

Einen zweiten Schwerpunkt in Galuppis Schaffen bildet die Kirchenmusik, die er im Rahmen seiner Anstellungen komponiert hatte: als *maestro di coro* am Ospedale dei Mendicanti (1740-1751) und am Ospedale degl'Incurabili (1762-65 und 1768-76) sowie an San Marco, wo er seit 1748 *vicemaestro* war und 1762 als *maestro di cappella* in das repräsentativste musikalische Amt der Republik Venedig aufstieg. Während seines Aufenthaltes als Kapellmeister am Hof der Zarin Katharina II. in St. Peterburg (1765-1768) komponierte er auch Kirchenmusik für die russischorthodoxe Liturgie.[2]

Im Gegensatz zur erfolgreichen, europaweiten Ausstrahlung seiner Opern blieb jedoch die Aufführung von Galuppis Kirchenmusikwerken auf Venedig und wenige andere Orte beschränkt. Das außerordentlich hohe Niveau der Kirchenmusik-Aufführungen an den venezianischen Ospedali und San Marco wurde allerdings im 18. Jahrhundert auch weit über Italien hinaus geschätzt. Der englische Musikgelehrte Charles Burney war nur einer von zahlreichen Besuchern Venedigs im Laufe des 18. Jahrhunderts, der die Musikaufführungen an den Ospedali zu würdigen wusste. Burney, dem wahrscheinlich Galuppis Opern bereits seit seiner Londoner Studien-

---

1 Die wichtigsten Studien zur Musik von Baldassare Galuppi seien hier genannt: Werner Bollert, *Die Buffoopern Baldassare Galuppis*, Berlin 1935; Felix Raabe, *Galuppi als Instrumentalkomponist*, Frankfurt/O. 1927; *B. Galuppi detto „Il Buranello" (1706-1785). Note e documenti raccolti in occasione della settimana celebrativa*, hrsg. von der Accademia Musicale Chigiana, Siena 1948; Reinhard Wiesend, *Studien zur opera seria von Baldassare Galuppi: Werksituation und Überlieferung – Form und Satztechnik, Inhaltsdarstellung*, 2 Bde., Tutzing 1984. *Galuppiana 1985. Studi e ricerche*. Atti del convegno internazionale (Venezia, 28-30 ottobre 1985), hrsg. von Maria Teresa Muraro und Franco Rossi, Florenz 1986.

2 Einen allgemeinen Überblick dazu gibt Johann von Gardner, *Gesang der russisch-orthodoxen Kirche*, Bd. II, Wiesbaden 1987, S. 107-159. Galuppi komponierte einige auf kirchenslawischen Texten basierende a-capella-Werke, die für die paraliturgisch aufgeführten sogenannten „Konzerte" gedacht waren, die während der Kommunion des Klerus im Altarraum gesungen wurden. Als Textgrundlage dienten meist einzelne Verse aus verschiedenen Psalmen. Folgende Werke liegen in der russischen Notenausgabe *Sobranie Duchovno-Musykalnych Socinenij* vor: *Uslyshit tja Gospod* (Moskau 1890), *Sudi Gospodi* (Moskau 1890), *Slava i nyne* (Moskau 1884), *Gotovo serdze moe* (Moskau 1887), *Plotiyu usnuv* (Moskau 1884, hiervon liegt auch eine neuere Ausgabe von Carolyn C. Dunlop vor, *Galuppi to Vorotnikov- Music of the Russian Court Chapel choir*, Bd. I, 2000). Die letzten beiden Werke wurden Gardner zufolge noch bis Anfang des 20. Jahrhunderts aufgeführt. Im Allgemeinen aber gerieten diese Werke gegen Ende des 19. Jahrhunderts in Vergessenheit.

zeit bekannt waren, traf nun 1770 in Venedig auf den alternden Kirchenkomponisten Galuppi, dessen Opernkarriere zu diesem Zeitpunkt bereits so gut wie beendet war. In *The Present State of Music in France and Italy* berichtete er von dieser Begegnung und beleuchtete hier als erster seiner Zeitgenossen etwas ausführlicher Galuppis Rolle als Kirchenkomponist:

> „It seems as if the genius of Signor Galuppi, like that of Titian, became more animated by age. He cannot now be less than seventy years old, and yet it is generally allowed here that his last operas, and his last compositions for the church, abound with more spirit, taste, and fancy, than those of any other period of his life.
>
> This evening the Latin Psalms that were sung by the orphan girls, gave me great reason to concur in the common opinion, for out of ten or twelve movements, there was not one that could be pronounced indifferent. There were several admirable accompanied recitatives, and the whole abounded with new passages, with good taste, good harmony, and good sense. His accompaniments, in particular, are always ingenious, but, though full, free from that kind of confusion which disturbs and covers the voice. [...] He certainly merits all that can be done for him, being one of the few remaining original geniusses of the best school perhaps that Italy ever saw. His compositions are always ingenious and natural, and I may add, that he is a good contrapuntist, and a friend to poetry. The first appears by his scores, and the latter by the melodies he sets to words, in wich the expression of his music always corresponds with the sense of the author, and often improves it.
>
> His compositions for the church are but little known in England; to me they appear excellent* [* I procured at Venice, some of his motets; and Giuseppe, an excellent copist there, transcribed and sent after me, two or three of his masses.]; for though many of the airs are in the opera stile, yet, upon occassion, he shews himself to be a very able writer in the true church stile, which is grave, with good harmony, good modulation, and fugues well worked."[3]

Burney blieb noch für lange Zeit der einzige Autor, der die Kirchenmusik Galuppis näher behandelte, denn die meisten Galuppi gewidmeten Lexikonartikel und Essays der Folgezeit schenkten diesem Thema nur wenig Beachtung. So erwähnte Jean-Benjamin de Laborde 1780 in seinem *Essai sur la musique ancienne et moderne* lediglich:

> „La nature a presque tout accordé à Buranello; également propre à tous les genres, il a traité supérieurement le sérieux & le comique, ainsi que la Musique d'Église, qu'il a composée & qu'il compose encore pour la chapelle de Saint Marc, dont il est Maître."[4]

Fast wörtlich übernahm 1822 Gregoire Orloff in seinem *Essai sur l'histoire de la Musique en Italie* die Aussagen von de Laborde:

> „La nature accorda tout à Buranello. Également propre à tous les genres, il a traité avec une supériorité marquée le sérieux et le comique, ainsi que la musique d'église. Il

---

3   Charles Burney, *The Present State of Music in France and Italy*, The Second Edition, corrected, London 1773, S. 174f., 187.

4   Jean-Benjamin de Laborde, *Essai sur la musique ancienne et moderne*, Bd. 3, Paris 1780, S. 189.

règne dans son chant une naiveté enchanteresse, une aisance qui rent sa musique aussi agréable au peuple, qu'elle est admirable aux yeux des connaisseurs."[5]

Ernst Ludwig Gerber bemerkte in seinem *Historisch-biographischen Lexikon der Tonkünstler* von 1790-1792, dass „seine Kirchensachen [...] vermutlich in Italien in den Klöstern verborgen [liegen]"[6]. Ebendiese Information findet sich auch im 1810 in Paris erschienenen *Dictionnaire historique des musiciens* von Alexandre Etienne Choron und François Joseph Marie Fayolle: „De tout ce qu' il a composé pour l'église, rien n'a été rendu public, et il est à croire que tous ses ouvrages sont enfouis dans les couvens d'Italie."[7] Auch Gustav Schilling übernahm die Aussage von Gerber in seiner 1840 erschienenen Enzyklopädie, denn er schrieb ebenfalls von den „vielen Kirchenarbeiten, die größtenteils in Italien verborgen ruhen." und setzte hinzu, dass „Außer verschiedenen Miserere und Kyrie [...] besonders ein in Venedig von ihm componiertes Credo hochgehalten."[8] werde.

Nach den bisher eher wohlwollend-neutralen Urteilen über Galuppis Kirchenmusik entwickelten sich ab der zweiten Hälfte des 19. Jahrhunderts kritische, durch veränderte ästhetische Prämissen geleitete Sichtweisen. So urteilte 1862 François-Joseph Fétis: „La musique d'église de Galuppi est restée en manuscrit comme ses opéras: il est faible d'invention et de facture dans cette partie de ses ouvrages."[9] Bereits etwas abgeschwächter ist die Kritik 1874 im *Musikalischen Conversations-Lexikon* von Hermann Mendel:

> „Weniger hoch gestellt wurden seine Kirchenwerke, die auch meist Manuscript geblieben, immerhin aber der Beachtung werth sind, sei es, dass darin die burleske Ausdrucksweise durchblickt, sei es, dass sie sich an die strengen Contrapunktisten oder an Palästrina anlehnen. [...] Eine und die andere dieser Nummern werden in Venedig an Sonn- und Festtagen noch immer aufgeführt."[10]

In der ersten Auflage des von George Grove 1879 herausgegebenen *Dictionary of Music and Musicians* erwähnte Franz Gehring neben Galuppis Anstellungen am Ospedale degl'Incurabili und an San Marco auch die in der Wiener Nationalbibliothek aufbewahrten Kirchenmusikwerke „grand Credo, Gloria and other church

---

5   Gregoire Orloff, *Essai sur l'histoire de la Musique en Italie*, Bd. 2, Paris 1822, S. 301.

6   Ernst Ludwig Gerber, *Historisch-biographisches Lexicon der Tonkünstler*, 1790-1792, Reprint Graz 1977, Bd. 1, S. 471.

7   Alexandre Etienne Choron/François Joseph Marie Fayolle (Hrsg.), *Dictionnaire historique des musiciens*, Bd. 1, Paris 1810, S. 255.

8   Gustav Schilling (Hrsg.), *Encyclopädie der gesamten musikalischen Wissenschaften oder Universal-Lexicon der Tonkunst*, Bd. 3, Stuttgart 1840, S. 127.

9   François-Joseph Fétis (Hrsg.), *Biographie universelle des musiciens et bibliographie générale de la musique*, 2. Ed., Bd. 3, Paris 1862, S. 394.

10   Hermann Mendel (Hrsg.), *Musikalisches Conversations-Lexikon. Eine Encyclopädie der gesammten musikalischen Wissenschaften*, Berlin 1874, Bd. 4, S. 118.

works". Hinzu kamen die bereits bei Mendel angeführten Informationen über zeitgenössische Aufführungen in Venedig: „His church works are still occasionally performed in Venice."[11] Hugo Riemann bemerkte dagegen in seinem Lexikon von 1887 lediglich, dass Galuppi „außer den Opern [...] zahlreiche Kirchenwerke sowie eine Anzahl Oratorien."[12] komponiert hatte.

Unabhängig von den Lexikonartikeln, die sich in ihrem Informationsgehalt kaum voneinander unterschieden, erschien 1854 und 1855 die erste ausführliche Biographie des Komponisten aus der Feder von Francesco Caffi. Sie war bereits 1834 entstanden und wurde als ein Kapitel in den zweiten Band seiner *Storia della Musica sacra nella già Cappella Ducale di San Marco in Venezia dal 1318 al 1797*[13] aufgenommen. Diese Biographie beruht in ihren Angaben auf Aussagen des venezianischen Lokalforschers Emanuele Antonio Cicogna[14], sowie Galuppis Schüler Don Carlo Faggi und Padre Scatena, einem Freund Galuppis.[15] Caffi ging in seiner Darstellung zwar auf Galuppis Anstellungen an den Ospedali und San Marco ein, behandelte aber die dafür komponierten liturgischen Werke im Gegensatz zu den Oratorien nicht sehr ausführlich:

> „Molte opere scrisse Galuppi in quella famosa Cappella. Io qui non darò un catalogo di quali e quante messe, antifone, salmi, mottetti, inni vi fossero da lui composti ne' molti lustri ne' quali egli vi tenne i due principali ufficii. Basti ricordar in ispecie un Dixit Dominus a quattro voci, un Tantum ergo, la grande messa del 1778, come lavori assai considerati e di grandissimo effetto. Non si cessò mai dall' eseguire le due Sequenze, l'una per la Pasqua, l'altra per la Pentecoste, a quattro voci coll'organo solo, d'un genere brillantissimo."[16]

Sehr knapp dagegen sind die Angaben zur Kirchenmusik in dem 1899 erschienenen Aufsatz von Alfred Wotquenne *Baldassare Galuppi. (1706-1785). Étude bibliographique sur ses œuvres dramatique.* Er beschränkte sich lediglich auf die Nennung einer Aufführung seines *Te Deum* anlässlich des Besuchs von Papst Pius VI. 1782 in Venedig, sowie auf die 1784 komponierte Weihnachtsmesse:

> „En 1784, le Buranello composa encore divers morceaux de musique religieuse pour le service de son église, entr'autres une nouvelle Messe qui fut executée le jour de Noël, à l'Office de Minuit, à St. Marc."[17]

---

11   George Grove (Hrsg.), *A Dictionary of Music and Musicians*, Bd. I, London 1879, S. 579.

12   Hugo Riemann, *Musik-Lexikon*, Leipzig 1887, S. 309.

13   Francesco Caffi, *Storia della musica sacra nella già Cappella Ducale di San Marco in Venezia dal 1318 al 1797*. Due volumi in un volume, Venedig 1854-1855, Reprint Hildesheim/New York 1982, S. 371-416.

14   Seine Tante Anna Cicogna, die 1822 starb, war Sängerin unter Galuppis Leitung am Ospedale degl'Incurabili.

15   Wiesend 1984, S. 285.

16   Caffi 1854/55 (Reprint 1982), S. 391.

17   Alfred Wotquenne, *Baldassare Galuppi. (1706-1785). Étude bibliographique sur ses oeuvres dramatique*, in: *Rivista Musicale Italiana*, VI (1899), S. 561-579.

Die allgemeinen Angaben von Caffi wurden erst durch Francesco Piovanos Arbeit zu Biographie und Werk Galuppis erweitert.[18] In den drei Aufsätzen setzte er sich kritisch mit dem damaligen Forschungsstand auseinander, korrigierte und ergänzte das vorhandene Material und bot damit eine Grundlage für alle später nachfolgenden Arbeiten. Die sehr ausführliche Werkübersicht innerhalb der biographischen Schilderungen beschränkte sich jedoch nur auf Galuppis Opern und Oratorien und ließ die Kirchenmusik leider vollständig aus.

Die eigentliche wissenschaftliche Auseinandersetzung mit der Kirchenmusik Galuppis setzt erst in der zweiten Hälfte des 20. Jahrhunderts ein: Die erste- und bisher einzige - größere Studie über seine Kirchenmusik stammt von Anthony Lawrence Chiuminatto.[19] In seiner Dissertation aus dem Jahr 1959 behandelt er nur einen geringen Ausschnitt der überlieferten Quellen, so dass die Arbeit in vielerlei Hinsicht heute veraltet ist.

Ein vereinzeltes Interesse an bestimmten Teilaspekten von Galuppis Kirchenmusik zeigte sich ab den 1970er Jahren im Kontext der Forschungen zu den venezianischen Ospedali. Zu nennen sind hierbei die Aufsätze von Sylvia Lucy Ross[20] Denis und Elsie Arnold[21] sowie Patricia J. Calahan[22]. In dem Konferenzbericht *Galuppiana 1985*[23] gibt Franco Rossi in seinem Aufsatz *Le musiche di Galuppi nelle biblioteche di Venezia*[24] erstmals einen umfassenden Quellenüberblick zu Galuppis Kirchenmusik in den venezianischen Bibliotheken. Im gleichen Band widmet Helen Geyer-Kiefl einen mit zahlreichen archivalischen Quellen illustrierten Aufsatz Galuppis Anstellungszeit am Ospedale degl'Incurabili und geht dabei insbesondere auf seine Oratorien ein.[25]

Eine detaillierte Quellenbeschreibung der Kirchenkompositionen Galuppis, die heute im Archivio di San Marco aufbewahrt werden, liefern Francesco Passadore und Franco Rossi innerhalb der vier Bände *San Marco: Vitalità di una tradizione. Il*

---

18 Francesco Piovano, *Note bio-bibliografiche*, in: *Rivista Musicale Italiana*, XIII (1906), S. 676-726; Rivista Musicale Italiana XIV (1907), S. 333-365; *Rivista Musicale Italiana*, XV (1908), S. 233-274.

19 Anthony Lawrence Chiuminatto, *The Liturgical Works of Baldassare Galuppi*, Phil. Diss., Northwestern University, 1959.

20 Sylvia Lucy Ross, *A Comparison of Six Miserere Settings from the Eighteenth Century Venetian Conservatories*, Ph. Diss. Urbana (Ill.) 1972, Ann Arbor, Michigan 1973. Diese Arbeit enthält eine Partitur des *Miserere* c-Moll von Galuppi (S. 379-471).

21 Denis und Elsie Arnold, *Galuppi's Religious Music*, in: *The Musical Times*, 126 (1985), S. 45-50; dies., *A Salve for Signora Buonafede*, in: *Journal of the Royal Musical Association*, 13./II. (1988), S. 168-171.

22 Patricia J.Calahan, *The Magnificats of Baldassare Galuppi*, in: *The Choral Journal*, 33.12 (1992), S. 21-26.

23 *Galuppiana 1985. Studi e ricerche. Atti del convegno internazionale* (Venezia, 28-30 ottobre 1985), hrsg. von Maria Teresa Muraro und Franco Rossi, Florenz 1986.

24 Franco Rossi, *Le musiche di Galuppi nelle biblioteche di Venezia*, in: *GALUPPIANA 1985*, S.1-68.

25 Helen Geyer-Kiefl, *Le opere sacre di Baldassare Galuppi nel tempo del suo servizio agli Incurabili*, in: *GALUPPIANA 1985*, S. 203-223.

fondo musicale e la Cappella dal Settecento ad oggi (Venedig 1994, 1996). Noch einmal ausführlicher widmet sich 1998 Franco Rossi der Kirchenmusik Galuppis in seinem Aufsatz *La Musica Sacra di Galuppi tra Ospedali e Cappella Ducale*[26] und ergänzt die Darstellungen mit einer summarischen Quellenübersicht. Eine andere Fragestellung akzentuiert Berthold Over mit seiner Arbeit *Per la Gloria di Dio. Solistische Kirchenmusik an den venezianischen Ospedali im 18. Jahrhundert*[27], die u.a. Galuppis Motetti und marianische Antiphonen in einem Quellenüberblick behandelt. In dem jüngst erschienenen Konferenzbericht zur *Musik an den venezianischen Ospedali / Konservatorien vom 17. bis zum frühen 19. Jahrhundert* widmet sich der Beitrag von Helen Geyer einigen *Laudate pueri*-Vertonungen Galuppis.[28] In dem schwerpunktmäßig auf die Textdistribution und –interpretation eingehenden Aufsatz werden Galuppis Kompositionen in einen vergleichenden Kontext mit seinen venezianischen Zeitgenossen Bernasconi, Cocchi, Pampani, Anfossi und Bertoni gestellt. Daneben widmet die Autorin in ihrem Buch über die Oratorien an den vier venezianischen Ospedali ein Kapitel Galuppis Oratorien für das Ospedale degl' Incurabili.[29]

Ein Spiegel der mangelnden Beschäftigung mit Galuppis Kirchenmusik stellen auch die bisher vorgelegten Editionen dar: zum einen liegen ihnen meist nur einzelne periphere Quellen zu Grunde, was dem Anspruch, der an kritische Editionen üblicherweise gestellt wird, nicht standhält, und zum anderen wird bei diesen Editionen kaum zwischen originalen Werken und offensichtlichen Kontrafakta unterschieden.[30]

---

26   Franco Rossi, *La Musica Sacra di Galuppi tra Ospedali e Cappella Ducale*, in: *La Cappella Musicale di San Marco nell'età moderna, Atti del Convegno Internazionale di Studi Venezia*, Venedig 1998, S. 451-493.

27   Berthold Over, *Per la Gloria di Dio. Solistische Kirchenmusik an den venezianischen Ospedali im 18. Jahrhundert*, Bonn 1998.

28   Helen Geyer, *Beobachtungen an einigen Vertonungen des 112. Psalms „Laudate pueri" für die venezianischen Ospedali (Conservatori)*, in: *Musik an den venezianischen Ospedali / Konservatorien vom 17. bis zum frühen 19. Jahrhundert*, hrsg. von Helen Geyer/Wolfgang Osthoff, Rom 2004, S. 149-218.

29   Helen Geyer, *Das venezianische Oratorium 1750-1820: Einzigartiges Phänomen und musikdramatisches Experiment*, 2 Bde., Laaber 2005. Zu Galuppis Oratorien siehe Kapitel III: Sternstunden des Oratoriums während Galuppis Amtsperiode, S. 52-77.

30   *Qui tollis* a-Moll (hrsg. v. Gustav Wilhelm Teschner, Magdeburg ca. Ende 19. Jhd.); *Messe* in C-Dur (hrsg. v. Stephan Lück, Regensburg, Rom, New York, Cincinnati, 3. Auflage 1907; hrsg. v. Hermann Bäuerle, Ulm 1927/1949; hrsg. v. Wilhelm Lueger, Bonn 1956); *Magnificat* C-Dur (hrsg. v. Mason Martens, New York 1966); *Magnificat* G-Dur (hrsg. v. Hermann Müller, Adliswil/Zürich 1977); *Dixit Dominus* Es-Dur, 1781 (hrsg. v. David Larson, Illinois 1977); *Et incarnatus est* B-Dur (Kontrafaktur, hrsg. v. Hermann Müller, Adliswil-Zürich, 1978); *Kyrie* Es-Dur (Klavierauszug, hrsg. v. David Larson, New York 1978); Motetto *„Rapida cerva, fuge"* (hrsg. v. Rudolf Ewerhart, Köln 1980); *Dixit Dominus* Es-Dur (hrsg. v. Karl Heinz Vigl, Augsburg 1983); *Victimae paschali laudes* D-Dur (hrsg. v. Klaus Kindler, Münster 1983); *Regina coeli* F-Dur (hrsg. v. Hermann Müller, Adliswil/Zürich, Lottstetten 1984); *Gloria* A-Dur, 1761 (hrsg. v. Hermann Müller, Adliswil/Zürich, Lottstetten 1984);

Trotz dieser partiellen Ansätze bleibt die Forschungssituation in Bezug auf Galuppis Kirchenmusik auch zu Beginn des 21. Jahrhunderts unbefriedigend. Besonders hemmend wirkt sich die Tatsache aus, dass eine umfassende und abgesicherte bibliographische Grundlage nach wie vor fehlt. Zum großen Teil ist dieses Forschungsdesiderat der sehr komplexen wie komplizierten Quellen- und Überlieferungssituation geschuldet: Die heute noch vorhandenen Quellen sind ausschließlich in Form von handschriftlichen Manuskripten überliefert und verteilen sich auf mehrere europäische und US-amerikanische Bibliotheken. Die problematische Quellenlage wird zusätzlich dadurch erschwert, dass innerhalb der immens großen Anzahl der Quellen die Autographe nur einen vergleichsweise geringen Teil ausmachen.

Ohne ausreichende Quellenbasis fehlt für eine eingehende Galuppi-Forschung die wichtigste Voraussetzung: das Wissen um den konkret vorhandenen Werkbestand. Alle ernsthaften Bemühungen um eine systematische Aufarbeitung der Kirchenmusikwerke werden in Ermangelung einer genauen Kenntnis um den Werkbestand zwangsläufig rudimentär bleiben müssen.

In der vorliegenden Arbeit zur venezianischen Kirchenmusik von Baldassare Galuppi nimmt daher die Auseinandersetzung mit den Quellen und deren Überlieferung einen breiten Raum ein und versteht sich nicht nur als das unabdingbare Aufarbeiten des Materials, sondern wird zum eigenen Gegenstand der Arbeit. Dieser Teil der Abhandlung stützt sich auf die Einsichtnahme aller in öffentlich zugänglichen Bibliotheken befindlichen musikalischen Quellen. Zentrale Stationen der damit verbundenen Studienreisen waren Italien (Venedig, Chioggia, Bologna, Genua, Neapel, Bergamo, Mailand, Turin, Florenz, Rom), Frankreich (Paris, Dijon), Österreich (Wien), Schweiz (Zürich, Einsiedeln), Deutschland (Dresden, Berlin, Münster, München, Wolfenbüttel).[31]

Die Behandlung der Quellen- und Werküberlieferung schließt Ausführungen zur Authentizität der handschriftlichen Manuskripte, die nicht in allen Fällen gesichert ist, ein. Für die näheren analytischen Untersuchungen wurden aus Gründen der besseren Nachvollziehbarkeit einige Notenbeispiele aus den handschriftlichen Quellen in den Text übertragen.

Drei Kirchenarien: *Arietta pastorale* B-Dur, *Hymnus de Spiritu Sancto* G-Dur, *Christe Redemptor* F-Dur (Kontrafakta, hrsg. v. Hermann Müller, Adliswil/Lottstetten 1985); *Cantate jubilate* F-Dur (Kontrafaktur; hrsg. v. Hermann Müller, Adliswil/Lottstetten 1985); Motetto *„Rutilanti amica aurora"* (hrsg. v. Jolanda Scarpa, Bologna 2000); *Alma redemptoris mater* c-Moll, *In exitu Israel* a-Moll (Zuschreibung fraglich; hrsg. v. Wolfram Hader, Frankfurt a.M., 2004). Außerdem erschienen die Faksimile-Ausgaben von: *Salve Regina* G-Dur (1746) hrsg. v. Leopoldo Gamberini, Genua 1975, *Domine a quattro* C-Dur (1762) hrsg. v. Leopoldo Gamberini, Genua 1975, *Domine breve* G-Dur (1778), hrsg. v. Leopoldo Gamberini, Genua 1975.

31 Die Quellen aus den Bibliotheken in den USA (Washington, San Francisco) und Großbritannien (London) konnten nicht vor Ort in Augenschein genommen werden und wurden deshalb nur in Form von Mikrofilmen eingesehen.

Die Wahl der Untersuchungsmethoden der vorliegenden Studie trägt der Komplexität des Forschungsgegenstandes Rechnung, zumal die Sichtung und Systematisierung des vorhandenen Quellenmaterials für die einzelnen Abschnitte des insgesamt mehr als ein halbes Jahrhundert währenden kirchenmusikalischen Schaffens von Galuppi eine äußerst ungleiche Verteilungssituation ergab und für einige Zeiträume keine der heute vorhandenen Werkbestände zugeordnet werden konnten.

Aus dieser Situationsschilderung geht hervor, dass eine monographische Darstellung der Kirchenmusik Galuppis unter Zuhilfenahme gewohnter Kriterien nicht schlüssig erscheinen würde, da einige wesentliche Parameter wie Entstehung, Entwicklung, Herausbildung des Individuellen nicht umfassend bestimmbar sind. Dies bedeutet, dass auf das Aufstellen eines normativen Rasters unter Berücksichtigung der Quellenlage verzichtet werden muss; auch wird die etablierte Methode der Personalstilanalyse bzw. der Werkanalyse in ihrer absoluten Bedeutung im Kontext dieser Arbeit zurücktreten müssen zugunsten der allgemeinen, historisch relevanten Stilkriterien, wie beispielsweise gattungsimmanenter Regeln der Satztechnik, Besetzung, oder der Prinzipien formaler Dispositionen bzw. des Text-Musik-Verhältnisses und ihrer jeweiligen Ausprägung in den Werken Galuppis.

Die Untersuchung der venezianischen Kirchenmusik von Galuppi wird sich daher notwendigerweise auf wenige zentrale Fragen konzentrieren, die den Bezug zur italienischen und venezianischen Tradition betreffen, einige Aspekte und Tendenzen des musikalischen Stils berühren sowie die Problematik der Aufführungspraxis verdeutlichen. Angesichts der großen Anzahl der Werke wird eine Selektion vorgenommen: die Untersuchung beschränkt sich auf Werke nach liturgischen Texten sowie Motetti. Die Oratorien bleiben ausgeklammert,[32] wie ebenfalls die Kontrafakturen von Opernarien für den Kirchengebrauch (sie finden sich vorwiegend in Kirchen und Klöstern nördlich der Alpen), deren Überlieferungslage bis auf weiteres faktisch unüberschaubar ist.

Die Gliederung der Arbeit zeichnet gewissermaßen den Werdegang der Untersuchung nach: zunächst gilt die Betrachtung der Quellen- und Werküberlieferung, um dann anhand von Fallbeispielen einzelne Aspekte der Kirchenmusik Galuppis herauszuarbeiten und mit der venezianischen Gattungstradition in Beziehung zu setzen. Den zweiten Teil der Arbeit bildet ein detailliertes thematisch-systematisches Werkverzeichnis, bei dessen Erarbeitung größtmögliche Vollständigkeit angestrebt wurde.

II.   DIE QUELLEN UND IHRE ÜBERLIEFERUNG

Die verlässlichste Basis für die Untersuchung zur Überlieferung der Kirchenmusikwerke von Baldassare Galuppi bilden die erhaltenen Autographe. Die Partiturabschriften aus dem 18. und 19. Jahrhundert hingegen geben die Werke oft nicht in

---

32   Zu den Oratorien Galuppis vgl. GEYER 2005, Bd. 1, S. 52-77.

ihrer originalen Gestalt wieder. Zudem ist bei einer singulären Überlieferung dieser Abschriften die Zuschreibung an Galuppi vielfach unsicher. Da die Kirchenmusikwerke nach Galuppis Tod nur noch bedingt eine praktische Bedeutung hatten - Ausnahmen gelegentlicher Aufführungen in Venedig notieren das *Musikalische Conversations-Lexikon* (1874) von Hermann Mendel[33] und das *Grove Dictionary* (1879)[34] -, wurde den Manuskripten, besonders aber den Autographen, häufig nur noch Sammelwert zuerkannt. Gerade im 19. Jahrhundert entwickelte sich eine rege Sammeltätigkeit, die auch Galuppis Musik mit einschloss. So finden sich in den verschiedenen Sammlungen im deutschsprachigen Raum oft an mehreren Orten dieselben Werke in Form von Kopien, die die Sammler untereinander ausgetauscht hatten. Im Folgenden werden daher die Überlieferungswege der Autographen und Abschriften bis zu ihrem heutigen Aufbewahrungsort getrennt behandelt.

1. DIE AUTOGRAPHENÜBERLIEFERUNG

Der Zerstreuung der Autogtaphe in die verschiedensten Richtungen setzte wahrscheinlich bald nach Galuppis Tod ein. Am 21. Januar 1785 wurde Galuppis Witwe Andrianna Pavan durch die Prokuratoren von San Marco aufgefordert, dem Amtsnachfolger Ferdinando Bertoni Partituren aus dem Besitz von Galuppi auszuhändigen:

> „Adì 21 Gen[nai]o 1784 [more veneto] In vista delle fatali circostanze nelle quali restò per la morte di Baldissera Galuppi fu benemerito Maestro di capella (della Chiesa di S. M[arc]o) Andriana di lui moglie in età settuagenaria rilevate nella suplica ora letta; hanno S.S.E.E. [= Sue eccellenze i Procuratori di S. Marco] terminato che siano ad essa esborsati D[ucat]i 200: - da Z 6:4 de dinari della Cassa della Chiesa per una volta tanto; Dovendo consignare al Maestro di Capella le composizioni musicali del Defonto Maestro Galuppi descritte nella nota annessa alla di lei suplica."[35]

---

33 Hermann Mendel (Hrsg.), *Musikalisches Conversations-Lexikon,* Berlin 1874, Bd. 4, S. 118: „Eine und die andere dieser Nummern werden in Venedig an Sonn- und Festtagen noch immer aufgeführt".

34 George Grove (Hrsg.), *A Dictionary of Music and Musicians,* London 1879, Bd. 1, Artikel Galuppi von Franz Gehring, S. 579: „His church works are still occasionally performed in Venice."

35 Archivio di Stato di Venezia (I-Vas), Procuratia De Supra, Basilica di S. Marco, busta 91, processo 208 I, fol. 183r., vgl. auch PASSADORE/ROSSI 1994, 1996, Bd. 1, S. 359 und WIESEND 1984, S. 353.

Wieviele und welche Werke die Witwe an Bertoni abgeben musste, ist nicht bekannt. Im Inventarium über den Nachlass Galuppis vom 21. Februar 1785 sind eine *Cassa di Noghera con Musica* sowie *Varij Capi di Musica* als vorhanden notiert.[36] Etwa in dieser Zeit ist wahrscheinlich auch das *Gloria* D-Dur (I/24) aus dem Jahre 1780 in den Besitz von Johann Simon Mayr gelangt, vermutlich durch seine Verbindung zu Venedig und Ferdinando Bertoni, bei dem er 1789/90 in Venedig Kompositionsunterricht erhielt.[37] Mayrs musikalischer Nachlass und damit auch das Autograph des *Gloria* D-Dur (I/24) gelangte nach seinem Tod 1845 in die Biblioteca Civica „Angelo Mai" in Bergamo. Die Mayr-Sammlung umfasste über 800 Kompositionen Mayrs in Form von Autographen, Abschriften und Drucken, 88 eigenhändige Abschriften Mayrs von fremden Werken sowie 12 autographe Partituren anderer Komponisten, unter ihnen auch das Galuppi-*Gloria*.[38] In denselben zeitlichen Zusammenhang gehören mindestens zwei weitere Autographen, die vermutlich damals in den Besitz des Kontrabassisten und Musikhandschriftensammlers Domenico Dragonetti kamen.[39] Hierbei handelt es sich um das *Laudate pueri* G-Dur (II/39), welches Galuppi 1774 für das Ospedale degl'Incurabili komponiert hatte und das heute in der British Library London aufbewahrt wird. Das zweite Autograph ist das *Qui habitare* (Teil aus einem *Laudate pueri*) A-Dur (II/44) aus dem gleichen Jahr, das sich heute in der Library of Congress in Washington befindet. Dragonetti war ab 1787 Kontrabassist an der Cappella di San Marco, ließ sich aber 1794 beurlauben und ging als Kontrabassvirtuose nach London. Zwischen 1808 und 1814 kehrte er noch einmal nach Venedig zurück. Nach Dragonettis Tod 1846 übernahm sein Freund Vincent Novello[40] seinen Manuskriptnachlass und gab ihn zum Teil 1849 an das British Museum weiter. Doch das

---

36   Laura Megna / Ernesto Garino, *Suggestione Biografiche: In Margine alla morte di Baldassare Galuppi*, in: GALUPPIANA 1985, S. 89, 93: „Inventario de'mobili, et Effetti esistenti nella Casa posta in Contrada di S. Vidal del qm. Signor Baldassar Galuppi".

37   Johann Simon Mayr wurde am 14. 6. 1763 in Ingolstadt geboren und starb am 2. 12. 1845 in Bergamo. Von 1802 bis zu seinem Tod war er Kapellmeister an S. Maria Maggiore in Bergamo. Eine weitere Verbindung zu Venedig bestand durch Mayrs Ehe mit der venezianischen Kaufmannstochter Angiola Venturali. Nach Angiolas Tod 1804 heiratete er ihre jüngere Schwester Lucrezia.

38   Zur Sammlung Mayr siehe ausführlicher Arrigo Gazzaniga, Il fondo musicale Mayr della Biblioteca Civica di Bergamo nel secondo centenario della nascita di Giovanni Simone Mayr (1763-1963), Monumenta Bergomensia, 11, Bergamo 1963.

39   Dragonetti wurde am 7. 4. 1763 in Venedig geboren und starb am 16. 4. 1846 in London. Eine Abschrift des *Dixit Dominus* B-Dur (II/18) von Galuppi aus Dragonettis ehemaligem Besitz befindet sich heute in der ÖNB Wien (A-Wn, S.m. 4703). Vgl. S. 46.

40   Vincent Novello (1781-1861) war Organist, Pianist, Dirigent, Komponist und Verleger. Er gründete ein Verlagshaus, das u.a. Kirchenmusikausgaben herausbrachte, die auf Manuskripten basierten. Novellos eigene Sammlung umfasste sowohl seltene italienische Drucke des späten 16. und frühen 17. Jahrhunderts als auch Handschriften seiner Zeitgenossen. Die Sammlung wurde 1852 und 1862 auf einer Auktion verkauft. Vgl. Otto E. Albrecht, *The New Grove*, Art. *Collections, private, §2: Individual Collections*.

Autograph des *Laudate pueri* kam nicht sofort an die heutige British Library, sondern wurde zunächst von dem Textilfabrikanten Julian Marshall[41] erworben, der auch das Autograph des *Credidi* a-Moll (II/11) besaß. Er verkaufte es 1880/81 zusammen mit einigen anderen Manuskripten aus seiner umfangreichen Musikaliensammlung an die British Library.

Während sich der Besitzgang dieser Autographe bis kurz nach Galuppis Tod zurückverfolgen lässt, erscheint die Lage bei den restlichen Autographen problematischer, da sie nicht in einem geschlossenen Bestand verblieben, sondern teilweise weit zerstreut wurden. Entscheidend dafür waren vermutlich die politischen und kulturellen Umbruchprozesse am Ende der Republik Venedig im Jahre 1797. Nachdem der *maggior consilio* (der „Große Rat") auf seiner letzten Sitzung am 12. Mai 1797 unter Leitung des Dogen Lodovico Manin[42] die Auflösung der Republik beschlossen hatte, konnten die Truppen Napoleons ungehindert die Stadt besetzen. In der Folgezeit setzte eine systematische Plünderung Venedigs durch die Franzosen ein. Kirchen und Klöster wurden aufgelöst und deren Archive sowie Bibliotheken nach Frankreich gebracht. Große alte Handschriftenbestände (bis zum 16. Jahrhundert) aus der Biblioteca Nazionale di San Marco (Marciana) sowie andere Kunstschätze, wie z.B. die vier Bronzepferde des Lysippos von der Fassade San Marcos, ließ Napoleon nach Paris abtransportieren.[43]

Auch vor den Ospedali machte der kulturelle Abschwung nicht halt. Nachdem diese in den zwei Jahrzehnten zuvor bereits unter einer sich verschlechternden finanziellen Lage gelitten hatten, erfolgte 1777 ein völliger finanzieller Zusammenbruch. Danach wurden die Ospedali unter staatliche Aufsicht gestellt und mehrfach umstrukturiert, bis sie schließlich ganz aufgelöst wurden. Für das Ospedale degl'Incurabili kam erschwerend hinzu, dass 1777 ein Teil der Kirche einstürzte, woraufhin der *coro* aufgelöst werden musste. Danach setzte sich die Zerstörung der Kirche immer weiter fort, bis sie im 19. Jahrhundert nur noch als Militärlager diente und später vollständig abgerissen wurde.[44] Der *coro* des Ospedale dei Mendicanti dagegen bestand auch nach 1777 weiter, da die damals unter Vertrag stehenden *maestri* auch ohne Gehalt weiter arbeiteten. Jedoch konnte dieser Zustand nicht lange gehalten werden, so dass der *coro* 1782 auf 40 *maestre* (Sängerinnen und Instrumentalistinnen) verkleinert werden musste.[45] Seinen Musikbetrieb beendete das

41 Otto E. Albrecht, The New Grove, Art. Collections, private, §2: Individual Collections. Zu Julian Marshall (1836-1903) mehr bei Arthur Searle, Julian Marshall and the British Museum: Music Collecting in the Later Nineteenth Century, in: The British Library Journal, 11 (1985), S. 67-87.

42 Er war am 9. März 1789 zum Dogen gewählt worden.

43 In der folgenden Zeit wechselte immer wieder die Herrschaft über Venedig zwischen Österreich und Frankreich, bis schließlich Venedig 1866 mit dem italienischen Nationalstaat vereinigt wurde. Siehe dazu ausführlicher Manfred Hellmann, *Geschichte Venedigs in Grundzügen*, Darmstadt 1989 sowie Frederic C. Lane, *Seerepublik Venedig*, München 1980.

44 GEYER 2005, Bd. 1, S. 48.

45 Ebda., S. 165.

Ospedale dei Mendicanti vermutlich 1804. Nur das Ospedale della Pietà, dessen *coro* bis 1859 aktiv war, besteht bis heute fort. Ein Restbestand des Archivs existiert ebenfalls gegenwärtig noch.[46] Die Musikarchive der übrigen Ospedali sind dagegen heute nicht mehr geschlossen überliefert. Nur Teile der Notenarchive des Ospedale degl'Incurabili und des Ospedale dei Mendicanti gelangten in das Archivio di San Marco und mit ihnen auch einige Kirchenmusikwerke Galuppis.[47] Andere Teile der Ospedali-Musikarchive wurden vermutlich im Zusammenhang mit Napoleons Besetzung nach Paris verschickt und gingen dabei teilweise verloren.

Von Galuppis autographen Kirchenmusikpartituren verblieb letztendlich nur ein geringer Teil in Venedig. Die meisten Partituren gelangten über unbekannte Zwischenstationen und Sammler an ihre heutigen Standorte. Sie verteilen sich auf Bibliotheken mehrerer Länder, wie Italien (Venedig, Genua, Neapel, Bergamo), Frankreich (Paris und Dijon), Deutschland (Berlin), Österreich (Wien), Großbritannien (London) und USA (New York).

In Venedig selbst befinden sich gegenwärtig nur noch 12 Autographe.[48] Sie werden, neben 22 nicht-autographen Manuskripten, im Archivio di San Marco aufbewahrt. Dieses Archiv, welches sich heute als Depositum in der Fondazione Levi befindet, enthält nicht nur Manuskripte aus dem Bestand von San Marco, sondern, wie bereits erwähnt, auch Material aus den Ospedali. Die in diesem Archiv verwahrten Galuppi-Autographe können zwei Provenienzgruppen zugeordnet werden: sieben Manuskripte gehörten zu dem Legato (Nachlass) Balbi und drei zum ehemaligen Besitz von Giovanni Concina; die übrigen zwei tragen keinen Besitzervermerk.

Alle Werke, die sich als autographe Partituren später im Besitz von Balbi befanden, wurden von Galuppi für das Ospedale degl'Incurabili komponiert. Auf ihren Titelblättern findet sich immer dieselbe Notiz: „*Legato Balbi. Proprietà della Fabbriceria di S. Marco. Venezia.*"[49] Balbi war der letzte *primicerio*, Vorsteher des *coro* von San Marco (das Recht auf Ernennung zum *primicerio* war ausschließlich Adligen vorbehalten), und musste im Zusammenhang mit dieser Anstellung neben dem Konvent von Sant'Apollonia wohnen. Nach Balbis Tod verblieb seine Manuskriptsammlung in diesem Konvent. In den Besitz der Manuskripte gelangte Balbi vermutlich über direkte oder indirekte Verbindungen seiner Familie zu den *governatori* der Ospedali. Er besaß ungefähr 273 Manuskripte, darunter eine große Anzahl von Galuppi-Autographen sowie alle Opernkompositionen von Sacchini und Traetta.[50]

---

46 OVER 1998, S. 17f.
47 Ebda., S. 282.
48 Eventuell handelt es sich bei der Partitur des *Gloria* A-Dur (I/32) aus dem Jahre 1761 um ein weiteres, 13. Autograph, das in der Biblioteca Nazionale di San Marco (I-Vnm, It.Cl IV 912) aufbewahrt wird. Vgl. S. 12.
49 Das Autograph des *Confitebor* B-Dur (II/10) von 1754 mit eben diesem Provenienzvermerk wird heute in der Französischen Nationalbibliothek Paris (F-Pn, Ms. 1893) aufbewahrt.
50 PASSADORE / ROSSI 1994, 1996, Bd. 1, S. 670; OVER 1998, S. 280.

Drei im Archivio di San Marco aufbewahrte Galuppi-Autographe tragen als Besitzervermerk den Namen Giovanni Concina.[51] Unter diesen Manuskripten befinden sich das für das Ospedale degl'Incurabili komponierte *Confitebor* von 1770 (II/3) sowie der Hymnus *Vicisti hic carnifices* von 1775 (IV/9), welcher für San Marco geschrieben wurde.

Tabelle 1:[52] Autographe aus der Sammlung Balbi und Giovanni Concina

WVZ-Nr.	Werk	Signatur	Datierung	Bestimmung	Provenienz
II/10	Confitebor B-Dur	F-Pn, Ms. 1893	1754	Incurabili	Balbi, dann Charles Malherbe (evtl auch Farrenc)
II/9	Confitebor A-Dur	I-Vsm, B.16	1762	Incurabili	Balbi
II/40	Laudate pueri B-Dur	I-Vsm, B.20	1769	Incurabili	Balbi
II/3	Confitebor c-Moll	I-Vsm, B.13	1770	Incurabili	Giovanni Concina
II/23	In convertendo Dominum G-Dur	I-Vsm, B.14	1772	Incurabili	Balbi
II/62	Nunc dimittis E-Dur	I-Vsm, B.15	1772	Incurabili	Balbi
II/42	Laudate pueri B-Dur	I-Vsm, B.11	1774	Incurabili	Balbi
IV/9	Vicisti hic carnifices D-Dur	I-Vsm, B.3	1775	San Marco	Giovanni Concina
II/47	Miserere Es-Dur	I-Vsm, B.5	1776	Incurabili	Balbi
IV/8	Tantum ergo g-Moll	I-Vsm, B.1	?	San Marco	Giovanni Concina

Während in Venedig somit nur noch wenige Autographe überliefert sind, finden sich größere Bestände in Genua, Dijon und Paris. Der größte Teil wird in der Bibliothek des Conservatorio di Musica „Nicolo Paganini" in Genua aufbewahrt. Die 47 Autographe stammen aus der Sammlung des Genueser Patriziers Gianbattista Asserto.[53] Diese Sammlung umfasste 200 Partituren von verschiedenen Komponisten und gelangte wahrscheinlich nach Assertos Tod im Jahre 1842 als Schenkung an

---

51 Concina verfasste den 1914 erschienenen *Catalogo delle opere della Querini Stampaglia* und arbeitete an verschiedenen anderen Katalogen in der Reihe *Biblioteca dell'Associazione dei musicologi italiani* mit. Vgl. ROSSI 1986, S. 6.
52 Die Anordnung der Werke innerhalb dieser und der folgenden Tabellen erfolgt chronologisch.
53 Er starb 1842.

die Bibliothek des Conservatorios.[54] Der Galuppi-Bestand enthält neben den Autographen auch vier nicht-autographe Manuskripte. Dazu zählt beispielsweise das *Credo* E-Dur (I/38) von 1782, dessen Umschlagtitel autograph ist, während der Notentext von einem Kopisten stammt.

Auf welchem Wege die Galuppi-Autographe in den Besitz Gianbattista Assertos gelangten, ist unklar. Berthold Over vermutet, dass sie aus dem Nachlass Galuppis stammen könnten.[55]

Tabelle 2: Autographe aus der Sammlung Gianbattista Asserto

WVZ-Nr.	Werk	Signatur (I-Gl, ...)	Datierung	Bestimmung
II/54	Domine ad adjuvandum F-Dur	N.1.5.11 (D.8.25)	1733/ 1753	
II/57	Magnificat C-Dur	N.1.5.11. (Sc.38)	1735?	
I/13	Kyrie C-Dur	N.1.5.11 (Sc.38)	1745	Mendicanti ?
II/69	Salve Regina G-Dur	C.1.1 (G.1.24)	1746	Mendicanti
I/21	Kyrie g-Moll	P.B.4.10 (G.1.24)	1746	Mendicanti ?
II/29	Laudate Dominum G-Dur	P.A.4.27 (Sc.99)	1749	Mendicanti
II/14	Dixit Dominus D-Dur	N.1.5.11 (Sc.38)	1750?	Mendicanti
II/21	Ecce nunc benedicite G-Dur	C.1.1 (G.1.24)	1751	Mendicanti
I/35	Credo D-Dur	T.C.6.16	1752	San Marco ?
II/27	Laudate Dominum C-Dur	C.2.2.12 (Sc.151)	1755	
II/56	Domine ad adjuvandum B-Dur	N.1.5.11 (Sc.38)	1756	San Marco
II/8	Confitebor A-Dur	N.1.5.11 (Sc.38)	1757	
I/15	Kyrie D-Dur	N.1.5.11 (Sc.38)	1757	
I/16	Kyrie D-Dur	T.C.6.16 (Sc.86)	1758	San Marco ?
II/37	Laudate Pueri G-Dur	C.2.2.14 (Sc.12)	1760	Incurabili
II/52	Domine ad adjuvandum C-Dur	D.8.30	1762	San Marco ?

---

54 Vgl. Salvatore Pintacuda, *Genova Biblioteca dell' Istituto Musicale „Nicolo Paganini". Catalogo del Fondo Antico*, Milano 1966, Einleitung.

55 OVER 1998, S. 279. Einen Hinweis auf mögliche direkte Kontakte Galuppis nach Genua liefert lediglich die Biographie des Komponisten: im Herbst 1743 nach seiner Rückkehr aus London bei der Familie Giustiniani in Genua weilte. Vgl. dazu Remo Giazotto, *La musica a Genova nella vita pubblica e privata dal XIII al XVIII secolo*, Genua 1951, S. 235.

I/30	Gloria G-Dur	P.A.4.64(D.8)	1764	San Marco
I/14	Kyrie c-Moll	P.B.4.11(G.1.24)	1764	
I/10	Gloria, Credo Es-Dur	N.1.5.11 (Sc.38)	1766	San Marco
I/12	Gloria, Credo Es-Dur	SS.B.2.60 (Sc.38)	1767	San Marco
II/7	Confitebor G-Dur	N.1.5.11 (D.8.26)	1771	Incurabili
I/37	Credo Es-Dur	T.C.6.16 (Sc.86)	1771	San Marco
I/28	Gloria F-Dur	N.1.S.11 (D.8.28)	1771	San Marco
I/36	Credo D-Dur	T.C.6.16 (Sc.86)	1772	San Marco
II/20	Ecce nunc benedicite Es-Dur	N.1.5.11 (Sc.38)	1772	Incurabili
II/15	Dixit Dominus D-Dur	N.1.5.11 (D.8.29)	1774	Incurabili
II/4	Confitebor D-Dur	N.1.5.11 (D.8.24)	1775	Incurabili
I/23	Gloria C-Dur	P.A.4.65 (D.8)	1775	San Marco
II/31	Laudate pueri C-Dur	C.2.2.13 (Sc.151)	1775	Incurabili
I/6	Messa brevis d-Moll	N.2.4.16 (Sc.38)	1775	San Marco
II/72	Salve Regina A-Dur	N.1.5.11 (Sc.38)	1775	Incurabili
II/24	In exitu Israel de Egypto	N.1.5.11 (Sc.38)	1775/76	San Marco
II/1	Beatus vir C-Dur	N.1.5.11 (Sc.38)	1777	San Marco ?
I/44	Credo B-Dur	Sc 86	1777	San Marco
I/29	Gloria F-Dur	P.A.4.66 (D.8)	1777	San Marco
IV/26	In cordis jubilo in dulcis modulo, B-Dur	C.1.1 (G.1.24)	1777	San Rocco
I/18	Kyrie Es-Dur	P.B.4.9 (D.8.22)	1777	San Marco
II/32	Laudate Pueri D-Dur	C.2.2.11 (Sc.151)	1777	San Marco ?
II/49	Nisi Dominus F-Dur	N.1.5.11 (D.8.21)	1777	San Marco ?
II/55	Domine ad adjuvandum G-Dur	D.8.23	1778	San Marco ?
II/58	Magnificat c-Moll	P.B.4.18 (Sc.38)	1778	San Marco
I/22	Kyrie B-Dur	T.C.6.16 (Sc.86)	1779	San Marco
II/26	Lauda Jerusalem B-Dur	N.1.5.11	1779	San Marco

I/33	Credo C-Dur	T.C.6.16 (Sc.86)	1781	San Marco
II/16	Dixit Dominus Es-Dur	N.1.5.11 (Sc.38)	1781	San Marco
I/25	Gloria D-Dur	P.A.4.67 (D.8)	1781	San Marco
I/31	Gloria G-Dur	P.A.4.63 (D.8)	1782	San Marco
I/38	Credo E-Dur	T.C.6.16 (Sc.86) autogr. Umschlag	1782	San Marco

Ein mit vier Autographen dagegen vergleichsweise geringer Bestand befindet sich in Neapel in der Bibliothek des Conservatorio di Musica „S. Pietro a Majella". Der Bibliotheksbestand setzt sich aus verschiedenen Sammlungen zusammen, die seit 1791 zusammengetragen wurden; darunter eine Autographensammlung von Komponisten des 18. und 19. Jahrhunderts.

Tabelle 3: Autographen im Conservatorio di Musica „S. Pietro a Majella", Neapel

WVZ-Nr.	Werk	Signatur	Datierung	Bestimmung
II/12	Dixit Dominus C-Dur	Rari 1.9.3 (1)	1763	San Marco
II/19	Domine probasti me D-Dur	Rari 1.9.3 (2)	1775	San Marco
II/25	Lauda anima mea G-Dur	Rari 1.9.3 (4)	1779	San Marco
II/30	Laudate Dominum a-Moll	Rari 1.9.3 (3)	1780	San Marco

Eine Schlüsselposition innerhalb der Autographen-Überlieferung der Kirchenmusik Galuppis im 19. Jahrhundert nimmt die Sammlung des Musikers, Verlegers und Musikgelehrten Aristide Farrenc[56] ein. Sie umfasste seinerzeit mehr als 1600 Musikbücher und -handschriften mit zahlreichen Autographen. Nach seinem Tod kam die Musikaliensammlung 1866 in Paris zur Versteigerung. Ihre Bestandteile wurden danach weit verstreut, so dass heute nur noch wenige genau lokalisierbar sind.
Der Auktionskatalog ist nach Manuskriptkopien (Galuppis Kirchenmusikwerke Nr. 662 bis 675, Oratorien Nr. 769 bis 171) und Autographen (Galuppis Kirchenmusik, Opern und Oratorien gemischt Nr. 1465 bis 1487) gegliedert. Ermitteln ließ sich die ursprüngliche Zugehörigkeit zur Sammlung Farrenc bei den acht in der Bibliothek des Conservatoire in Dijon aufbewahrten Autographen mit Kirchenmusikwerken von Galuppi. Ein Vergleich der Nummerierung auf den Titelblättern mit der Zählung der entsprechenden Werke im Auktionskatalog ergab eine vollständige Übereinstimmung.[57]
Leichter war die Zuordnung zum Farrenc-Bestand bei jenen Manuskripten, die im Fonds Conservatoire in der Bibliothèque National de France in Paris aufbewahrten

---

56 Jacques Hyppolite Aristide Farrenc wurde 1794 in Marseilles geboren und starb 1865 in Paris.
57 Vgl. den Auszug aus dem Farrenc-Auktionskatalog.

werden, da hier der Besitzvermerk direkt auf den Titelblättern notiert ist. Von den überlieferten 46 Galuppi-Manuskripten, die sich bis 1964 in der Bibliothek des Conservatoire befanden, können somit neun Autographe der Farrenc-Sammlung zugeordnet werden. Hierbei handelt es sich um diverse Versetti sowie um eine Passion nach Johannes („Passio per il Venerdi santo"). Zur Provenienz Farrenc gehören außerdem zehn Werke Galuppis, die in Form von Abschriften überliefert sind. Ebenfalls ehemals aus der Farrenc-Sammlung stammt das Autograph des *Confitebor* C-Dur (II/2) von 1741. Nach einer Notiz auf dem Titelblatt wurde es 1867 erworben und befindet sich heute in der Pierpont Morgan Library in New York.

Catalogue de la bibliothèque musicale théorique et pratique de feu M.A. Farrenc, Paris 1866[58]

662. Galuppi. Musique d'eglise (copies):

Alma redemptoris	F-Pn, D. 4262 (6), WVZ II/64, 1775
Ave Regina	F-Pn, Ms.4262 (1), WVZ II/67, 1774
2 Salve Regina	F-Pn, D.4262 (4), WVZ II/73, 1775
	F-Pn, D.4262 (5), WVZ II/72, 1774
Jesu corona virginum	F-Pn, D.4262 (2), WVZ IV/5, 1740
Te Deum	F-Pn D.4262 (3), WVZ IV/4, 1750
Grandes partitions.	

663. Galuppi. Musique d'eglise (copies):
Dixit
Confitebor
2 Laudate pueri
Credidi
avec orchestre; Grandes partitions

664. Galuppi. Musique d'eglise (copies):
Te Deum
Confitebor
2 Laudate pueri
avec orchestre; Grandes partitions

665. Galuppi. Musique d'eglise (copies):

Domine ad adjuvandum	F-Pn, D.4263 (1), WVZ II/55, 1778
Dixit	F-Pn, D.4263 (2), WVZ II/15, 1774
Confitebor	F-Pn, D.4263 (3), WVZ II/7, 1771
Laudate pueri	F-Pn, D.4263 (4), WVZ II/36, 1751
avec orchestre; Grandes partitions	

---

58 Vgl. *Catalogue de la bibliothèque musicale théorique et pratique de feu M.A. Farrenc ancien professeur et éditeur de musique*, Paris 1866, S. 59f. die Oratorien und Opern werden in der Übersicht nicht aufgeführt.

666. Galuppi. Musique d'eglise (copies):
Kyrie et 4 Gloria
avec orchestre; Grandes partitions

667. Galuppi. Musique d'eglise (copies):
Kyrie et 4 Gloria
avec orchestre; Grandes partitions

668. Galuppi.
Messes et fragments de messes à
à 4 voix et orch.
Grandes partitions manuscrites.

669. Galuppi.
Messes et fragments de messes à
à 4 voix et orch.
Grandes partitions manuscrites.

670. Galuppi. Psaumes:
2 Nisi Dominus
Dixit
Confitebor
à 4 voix et orchestre.
Grandes partitions manuscrites.

671. Galuppi. Mottets en grande partition:
Te Deum
Salve
Amot
Ira
Veni Creator
avec orchestre.

672. Galuppi.
5 motets, avec orchestre
Grandes partitions manuscrites.

673. Galuppi.
3 Gloria et 6 Credo, avec orchestre.
Grandes partitions manuscrites.

674. Galuppi.
Kyrie
3 Gloria et 6 Credo, avec orchestre
Grandes partitions manuscrites.

675. Galuppi.
Dixit
Beatus vir
3 Laudate pueri
In exitu

Laetatus sum
2 Lauda Jerusalem
Qui habitat
avec orchestre; Grandes partitions manuscrites.

750. Diverses auteurs vénetiens.[59]
Versetti a una e più voci, per San Zaccaria, le Guidecca,
etc. Partitions manuscrites

14 Versetti: F-Pn, Ms. 1892 (1-14, 17-22, 24-26), WVZ IV/11-IV/24, 1778, 1783, 1784

1467. Galuppi[60]
3° Passio, per il venerdi santo (1750). (Aut.)

F-Pn, Ms. 1886, WVZ IV/25, 1750

1468. Galuppi. Musique d'eglise:
N° 9, Kyrie,à 4
n° 10, motet Justitia et pax
n° 11, Magnificat, à 4
n° 12, Credidi, à 4
n° 13, Confitebor, à 4
n° 14, Gloria, à 4
n° 15, Gloria, à 4
n° 16, Laudate pueri, à 4
Grande part. et parties séparées, aut.

1469. Galuppi. Musique d'eglise:
N° 1, Credo, à 4   F-Dc, IN 8°/83, WVZ I/1, 1749
n° 2, Dixit, à 4   F-Dc, IN 8°/82, WVZ II/18, 1751
n° 3, mottet   F-Dc, IN 8°/78, WVZ III/6, 1778
n° 4, Laudate pueri, à 4 F-Dc, IN 8°/81, WVZ II/40, 1739
n° 5, Confitebor, à 3   F-Dc, IN 8°/80, WVZ II/5, 1733
n° 6, Kyrie, à 4   F-Dc, IN 8°/79, WVZ I/1, 1749
n° 7, Credo, à 4   F-Dc, IN 8°/84, WVZ I/39, 1769/70
n° 8, Laudate pueri   F-Dc, IN 8°/85, WVZ II/35, 1740/41
Grande part. et part. séparées.

1470. Galuppi. Musique d'eglise:
N° 17, Kyrie, à 4
n° 18, Beatus vir, à 4
n° 19, Messa da cappella, à 4
n° 20, Credo, à 4
n° 21, Kyrie, à 4
n° 22, Magnificat, à 4

---

59   Ebda., S. 66.
60   Ebda., S. 120 f.

n° 23, Gloria, à 4
n° 24, Gloria, à 4
Grande part. et part. séparées, aut.

1471. Galuppi. Musique d'eglise:
N° 25 Domine ad adjuvandum
n° 26 Regina coeli
n° 27, Nisi Dominus
n° 28, De profundis
n° 29, Credo
n° 30, Dixit
n° 31, Laetatus sum
n° 32, Gloria
n° 33, Credo
tous à 4 voix.
Grande part. et part. séparées, aut.

1476. Galuppi. Musique d'eglise:
Alma redemptoris
7 mottets
Credo et Confitebor   US-NYpm, Cary 326, WVZ II/2, 1741
Grande partition aut.

1477. Galuppi. Musique d'eglise:
Alma redemptoris
Gloria
2 Salve
Tantum ergo
4 mottets
Grande part. aut.

Insgesamt stellen jedoch die in Paris, Dijon und New York erhaltenen Manuskripte, die einst zur Sammlung von Aristide Farrenc gehörten, nur einen Bruchteil der im Auktionskatalog verzeichneten Werke dar.[61] Der Katalog spiegelt damit wider, wieviel am Ende des 19. Jahrhunderts von Galuppis liturgischen Kirchenmusikwerken noch erhalten gewesen sein muss. Somit wird deutlich, dass der überwiegende Teil heute nicht mehr vorhanden bzw. über allgemein zugängliche Verzeichnisse und Bibliographien nicht auffindbar ist.[62]

---

61   Mehr dazu im Kapitel II. 5. Das Verhältnis der Quellen zum ursprünglichen Werkgesamtbestand.
62   In die Tabelle wurden zur Vollständigkeit auch die Manuskriptkopien mit der Provenienz Farrenc aufgenommen.
     Die relativ große Zahl der in Paris und Dijon überlieferten Autographen steht warscheinlich im Zusammenhang mit dem Abtransport von Notenmaterial nach Paris während der Besetzung Venedigs durch Napoleon.

Neben den Manuskripten aus der großen Provenienzgruppe der Sammlung Aristide Farrenc gibt es im Fonds Conservatoire der Nationalbibliothek Paris noch eine weitere, kleinere Gruppe, zu der drei Autographen gehören. Dabei handelt es sich um die Sammlung des französischen Musikwissenschaftlers und Komponisten Charles Malherbe (1853-1911), der seine große Musikaliensammlung der Bibliothek des Pariser Conservatoires vermacht hatte, von wo aus sie später in die Französische Nationalbibliothek gelangte.

Tabelle 4: Autographe aus der Sammlung Charles Malherbe

WVZ-Nr.	Werk	Bibliothek/Signatur	Datierung	Bestimmung	Bemerkungen
II/10	Confitebor B-Dur	F-Pn, Ms. 1893	1754	Incurabili	Autograph davor Legato Balbi
II/65	Ave Regina F-Dur	F-Pn, Ms. 1895	1764	Incurabili	Autograph
II/28	Laudate Dominum E-Dur	F-Pn, Ms. 1894	1767	San Marco	Autograph

Im Gegensatz zu den eben erläuterten Autographen konnte für das einzeln überlieferte Autograph des *Te Deum* C-Dur (IV/1) in der Bibliothek der Gesellschaft der Musikfreunde in Wien, das im frühen 20. Jahrhundert in deren Besitz gelangt war, die Herkunft nicht ermittelt werden.[63] Dieses *Te Deum* stammt aus dem Jahre 1769 und wurde für San Marco komponiert.

Insgesamt ergibt sich folgender Stand der Autographen-Überlieferung: Aus der Zuordnung der heute erhaltenen Autographen zu den Schaffensperioden des Komponisten wird deutlich, dass in der Überlieferung die einzelnen Schaffensabschnitte sehr ungleich vertreten sind: Der größte Teil der Autographen stammt aus den 1760er bis 1780er Jahren, wobei die 1770er Jahre mit 41 Manuskripten am stärksten vertreten sind. Aus den Jahren davor gibt es nur bruchstückhafte Zeugnisse. Eine mögliche Erklärung für dieses zahlenmäßige Ungleichgewicht lässt sich aus dem Umstand ableiten, dass die Nachlässe der Ospedali dei Mendicanti und degl'Incurabili, an denen Galuppi in seinen frühen Schaffensjahrzehnten angestellt war, heute weitgehend verloren sind.

2. ÜBERLIEFERUNG DER MANUSKRIPTKOPIEN

Unter den Manuskriptkopien von Kirchenmusikwerken Galuppis aus dem 18. Jahrhundert existieren nur wenige Unikate. Die meisten Werke sind in mehreren Kopien in verschiedenen italienischen Bibliotheken sowie in Frankreich, Deutsch-

---

63   Nach einer mündlichen Information von Prof. Dr. Otto Biba.

land, Großbritannien, Österreich und den USA überliefert. Wie bereits anhand der Autographen dargestellt, können auch die Kopien, die sich zum größten Teil in Italien befinden, ebenfalls verschiedenen Provenienzgruppen zugeordnet werden.

2.1. Italien

Die meisten in Italien überlieferten Manuskriptkopien befinden sich in Venedig. Mit 21 Manuskripten wird der größte Teil davon in der Biblioteca Nazionale di San Marco (Marciana) aufbewahrt. Hinzu kommen noch drei Partiturkopien von Werken Antonino Biffis, die unter Galuppis Namen geführt werden.[64] Alle 24 Manuskriptkopien stammen aus der Sammlung von Pietro Canal.[65] Seine Sammlung umfasste 1000 musiktheoretische Werke, 118 Drucke, 20 einmalige Madrigaldrucke und mehr als 400 Handschriften. Sie wurde von dem venezianischen Musikalienhändler Giuseppe Benzon aufgekauft und gelangte schließlich 1928 an die Biblioteca Nazionale di San Marco.[66]

Tabelle 5: Manuskripte aus der Sammlung Pietro Canal

WVZ-Nr.	Werk	Signatur	Datierung/ Bestimmung	Bemerkungen
I/1	Kyrie B-Dur	It.Cl. IV n. 938	1749, Mendicanti	
I/1	Gloria G-Dur	It. Cl. IV n. 1028	1749, Mendicanti	
I/1	Credo F-Dur	It. Cl. IV n. 916	1749, Mendicanti	
I/32	Gloria A-Dur	It. Cl. IV n. 912 (Autograph?) /913/914	1761, San Marco ?	
I/5	Kyrie D-Dur	It.Cl. IV n. 936	1778, San Marco	
I/5	Credo D-Dur	It. Cl. IV n. 999/1000	1778, San Marco	
I/47/ 48	Veni sancte spiritus B-Dur / Victimae paschali laudes D-Dur	It. Cl. IV n. 1191	1780, San Marco	auf dieser Partitur steht nicht Pietro, sondern „Lorenzo" Canal

---

64 Bei den Biffi-Werken handelt es sich um zwei Vespern (It. Cl. IV n. 866 und It. Cl. IV n. 868) sowie ein Completorium *Cum invocarem* (It. Cl. IV n. 867). Diese waren ursprünglich reine a-capella-Stücke und wurden von Galuppi mit einer Orchesterinstrumentierung ergänzt.

65 Pietro Canal (1807-1883) beschäftigte sich intensiv mit venezianischer Musikgeschichte. Siehe dazu auch Canals Aufsatz: *Musica*, in: *Venezia e le sue lagune*, Venedig 1847, Bd. 2, S.469 ff.

66 OVER 1998, S. 281.

I/40	Credo G-Dur (Papale)	It. Cl. IV n. 1003	1782/79, San Marco	
I/3	Kyrie C-Dur	It.Cl. IV n. 937	San Marco ?	
I/19	Kyrie E-Dur	It.Cl. IV n. 1011/ n. 1012	?	
I/7	Gloria F-Dur	It. Cl. IV n. 918 / n. 870	?	
I/26	Gloria D-Dur/ Cum sancto spiritu	It. Cl. IV n. 1023 / n. 1001	?	
Anh. 9	Credo C-Dur	It. Cl. IV n. 1692	?	unsichere Werkzu- schreibung
Anh. 3	Credo G-Dur	It. Cl. IV n. 917	?	
I/45	Credo B-Dur	It. Cl. IV n. 869	?	
II/43	Laudate Pueri B-Dur	It. Cl. IV n. 1191	San Marco ?	
II/17	Dixit Dominus g-Moll	It. Cl. IV n. 939	?	
II/68	Regina coeli F-Dur	It. Cl. IV n. 1191	?	
	Vesper von Antonino Biffi, durch Galuppi instrumentiert	It. Cl. IV n. 866	San Marco	
	Vesper von Antonino Biffi, durch Galuppi instrumentiert	It. Cl. IV n. 868	San Marco	
	Completorium F-Dur von Antonino Biffi durch Galuppi instrumentiert	It. Cl. IV n. 867	San Marco	

Die im Archivio di San Marco in Venedig aufbewahrten Abschriften der Sequenzen *Victimae paschali laudes* D-Dur (I/48), *Veni sancte Spiritus* B-Dur (I/47) (beide I-Vsm, B. 8) und des Psalms *Credidi* a-Moll (II/11) (I-Vsm, B. 29) – sie wurden alle für San Marco komponiert - gehörten ehemals zur Sammlung von Giovanni Battista Rova, der Sänger und Komponist an San Marco war.[67] Seine Sammlung, die er 1860 an das Musikarchiv von San Marco verkaufte, enthielt unter anderem auch Stimmen und Partituren aus dem Ospedale dei Mendicanti.[68]

---

67 Die Manuskripte tragen alle den Provenienzvermerk „Ad uso di Gio. Batta Rova", oder „Acquisto dal Rova nel 1860".
68 OVER 1998, S. 282.

Ebenfalls für San Marco entstand vermutlich das *Dixit Dominus* C-Dur (II/13), dessen Partiturabschrift (I-Vire, B.6 n.118) sich im Archivio des I.R.E. (Istituzioni di ricovero e di educazione) Venedig befindet. Das Manuskript gehörte ursprünglich zu der Sammlung von Giovanni Bernardi detto Germanico.[69] Nach Germanicos Wunsch wurde die Musikaliensammlung nach seinem Tod an das Ospedaletto bzw. Ospedale dei Derilitti in San Giovanni e Paolo übergeben.[70] Die letzten drei Abschriften, die eindeutig einer bestimmten Provenienzgruppe in Venedig zugeordnet werden können, stammen aus der Handschriftensammlung von Ugo und Olga Levi, Stifter der Fondazione Levi in Venedig. Dabei handelt es sich um das *Magnificat* F-Dur (II/60) (I-Vlevi, CF.B.37), das *Laudate Pueri* B-Dur (II/43) (I-Vlevi, CF. B.126), beide 1801 bzw. 1821 kopiert, und den Motetto *A rupe al pestri ad vallem* (III/1) (I-Vlevi, CF.B.112), der 1747 für das Ospedale dei Mendicanti komponiert wurde.

Einige sehr verbreitete Kirchenmusikwerke Galuppis werden auch in der Bibliothek der Padre Filippini in Chioggia, unweit Venedigs aufbewahrt: zwei *Credo*-Vertonungen, darunter das vielfach vorzufindende *Credo papale* (I/43) (I-CHf, B.10.1) sowie die ebenso häufig überlieferten und bereits im Zusammenhang mit der Sammlung Giovanni Battista Rovas erwähnten Sequenzen *Victimae paschali laudes* D-Dur (I/48) und *Veni sancte spiritus* B-Dur (I/47) (I-CHf, B.10.4). Wahrscheinlich spielten die Nähe zu Venedig und die daraus resultierenden Kontakte für die Überlieferung dieser Manuskriptkopien im Archivio der Padri Filippini eine Rolle.

Ebenso wie in Chioggia findet sich je eine Partiturabschrift des *Credo papale* (I/40) und der Sequenz *Victimae paschali laudes* (I/48) in der Biblioteca Civica „Angelo Mai" in Bergamo. Sie stammen neben einem *Credo* C-Dur (I/34) und dem bereits erwähnten *Gloria*-Autograph aus der Sammlung von Johann Simon Mayr.

Bei den restlichen italienischen Manuskriptkopien aus dem 18. Jahrhundert konnten die Provenienzen nicht eindeutig ermittelt werden. Die Manuskripte befinden sich in der Bibliothek des Seminario Patriarcale in Venedig, der Biblioteca Casanatense in Rom, der Biblioteca dell'Accademia Filarmonica in Turin, Biblioteca privata Borromeo Isola Bella, und den Bibliotheken der Konservatorien „Benedetto Marcello" in Venedig, „Luigi Cherubini" in Florenz, „Santa Cecilia" in Rom und „Guiseppe Verdi" in Mailand.

In der Galuppi-Überlieferung spielt der venezianische Kopist Giuseppe Baldan und seine *copisteria* eine zentrale Rolle. Die *copisteria* des Priesters Giuseppe (oder Iseppo) Baldan, in der neben den Kopisten Orazio Stabili und Piero Maschietto auch zwei Neffen Antonio Vivaldis, Carlo Vivaldi und Daniele Mauro, beschäftigt waren (daneben gab es einen dritten Vivaldi-Neffen, Pietro Mauro, der ebenfalls Kopist

---

69   Er war Priester, wahrscheinlich im Konvent San Francesco della Vigna, Sänger und Musiker.

70   Stefano De Sanctis / Nadia Nigris, *Il fondo musicale dell' I.R.E. Istituzioni di Ricovero e di Educazione di Venezia,* Rom 1990, S. XI f.

war), lag in der Nähe des Theaters San Giovanni Grisostomo. Ihre Aufträge erhielt die *copisteria* von diesem Theater, den Theatern San Moisè und San Samuele sowie von Privatkunden wie Baldassare Galuppi und Gioacchino Cocchi.[71] Die Kopien von Baldan lassen sich sehr leicht durch ihre phantasievoll verschnörkelten Titelblätter erkennen. Jedoch nicht alle Partituren stammen ausschließlich aus der Hand Baldans, sondern wurden teilweise auch von seinen vier Mitarbeitern gefertigt und dann durch Baldan mit dem charakteristischen Titelblatt versehen.[72]

Einen interessanten Sonderfall stellt die von Baldan angefertigte Partitura schrift des *Miserere* Es-Dur (II/46) dar, die in der Biblioteca Nazionale Universitaria in Turin aufbewahrt wird (I-Tn, Giordano 73).[73] Eine Besonderheit liegt hier darin, dass Baldan das Ende der Partitur mit seinem Namen signiert hatte, was unter den von ihm gefertigten Galuppi-Abschriften bisher einmalig ist: *Io Don Giuseppe Baldan Copista di Musica à San Gio: Gris.ᵐᵒ Venezia.* Ein weiteres Namenssignum von Baldan findet sich in einer Partiturabschrift des Motetto *In hoc mare* von Melchiorre Chiesa (D-Dl, Mus. 3283-E-1): „*D.Giuseppe Baldan Copista di Musica al Ponte di San Gio: Grisostomo Venezia*".[74]

Auch Charles Burney hatte während seines Venedig-Aufenthaltes Kontakt zu Baldan, denn er bemerkte zum 5. August 1770 „Mr Richie was so kind as to send Signor Giuseppe a famous Copyist to me to day, who has undertaken to furnish me with many curious things."[75]

2.2. Dresden

Auch für den großen Manuskriptbestand in der Sächsischen Landesbibliothek – Staats- und Universitätsbibliothek Dresden[76], bei dem es sich um den größten Be-

---

71 Vgl. Gaetano Cozzi, *Pre Iseppo Baldan, Copista del Galuppi,* in: GALUPPIANA 1985. S. 128. Einen weiteren Beitrag zu Baldan (mit Schriftbeispielen der vier Mitarbeiter) liefert Helmut Hell, *Die betrogene Prinzessin. Zum Schreiber „L. Vinci I" in der Amalien-Bibliothek der Staatsbibliothek zu Berlin,* in: *Scrinium Berolinense: Tilo Brandis zum 65. Geburtstag,* hrsg. von Peter Jörg Becker, Wiesbaden 2000, S. 631-648.

72 Aus diesem Grund wird in den folgenden Ausführungen immer von der *copisteria Baldan* die Rede sein.

73 Dieses Manuskript gehörte zu der Sammlung von Filippo Giordano (1875-1952), die 1930 in die Turiner Bibliothek kam.

74 Folgende Baldan-Kopien von Kirchenmusikwerken Baldassare Galuppis sind in anderen Bibliotheken überliefert: *Salve Regina* a-Moll (D-B, Mus.ms.Winterfeld 16); *Miserere* c-Moll (GB-Lbm, Add 14402); *Magnificat* G-Dur (CH-Zz, AMG XIV 732); *Gloria* F-Dur (D-Müs, SANT Hs.1573); *Gloria* G-Dur (D-B, Mus.ms.6952); *Missa* C-Dur (I-Fc, A. 42); *Credo* F-Dur (D-B, Mus.ms. 6956); *Credo* G-Dur (D-Müs, SANT Hs. 1572); *Kyrie* c-Moll (nur Einbandtitel, I-Gl, P.B.4.11 (G.1.24); *Requiem* F-Dur (Titel- und erste Partiturseite, A-Wn, Mus. Hs. 18364); *Domine ad adjuvandum* B-Dur (nur Einbandtitel, I-Gl, N.1.5.11 [Sc.38]). Der große Komplex von Baldan-Abschriften in der Sächsischen Landesbibliothek – Staats- und Universitätsbibliothek Dresden wird im Kapitel II. 2.2. *Dresden* ausführlich behandelt.

75 Charles Burney, *Music, Men and Manners in France and Italy,* 1770, Reprint London 1974, S. 74.

76 Im Folgenden mit SLUB Dresden abgekürzt.

stand außerhalb Italiens mit einer aufführungspraktischen Relevanz handelt, spielte die *copisteria* Baldan eine zentrale Rolle.

In Dresden werden heute noch insgesamt 59 Partitur- und Stimmenabschriften Galuppi zugeschriebener Kirchenmusikwerke aufbewahrt, von denen 54 im *Catalogo <thematico> della Musica di Chiesa <catholica in Dresda> composta Da diversi Autori secondo l'Alfabetto <1765>*[77] verzeichnet sind. Dieser Katalog nimmt insofern eine Schlüsselrolle ein, da in ihm die Partituren und Stimmen verzeichnet sind, die um 1764/65 vorhanden gewesen sein müssen. Der Katalog wurde bis 1764/65 unter Leitungdes Kirchenkomponisten und Kustos des Hofkirchen-Musikalienbestandes, Johann Georg Schürer (ca. 1720-1786), von den Kopisten Carl Gottlob Uhle und Matthäus Schlettner angefertigt und diente als Verzeichnis der Archivbestände sowie der aktuellen Gebrauchsmusik der Hofkirche nach dem Siebenjährigen Krieg (1756-1763). Diese Bestände wurden in drei Schränken in der Hofkirche aufbewahrt.[78] Im *Catalogo 1765* sind jeweils die Komponistennamen in alphabetischer Reihenfolge, die Werke mit Incipits, ihr Aufbewahrungsort nach Fach und Lage in den Schränken sowie das Vorhandensein oder Fehlen von Partituren und Stimmenmaterial angegeben. Nachdem jedoch um 1775 ein neuer und ausführlicherer *Catalogo della Musica di Chiesa. Composta Da diversi Autori* in drei Bänden[79] den alten *Catalogo 1765* ersetzte, wurde dieser an den Musikaliensammler Georg Poelchau (1773-1836) verkauft und gelangte später aus seinem Besitz in die Berliner Königliche Bibliothek (heute Staatsbibliothek zu Berlin – Preußischer Kulturbesitz).[80]

Ursprünglich waren im *Catalogo 1765* 75 Kirchenmusikwerke Galuppis verzeichnet, teilweise sowohl in Form von Partituren und als auch Stimmen.[81] Davon sind jedoch heute nur noch 49 Galuppi zugeschriebene Werke erhalten. Daneben sind in

---

77 D-B Mus. ms. theor. Kat. 186. Die Ergänzungen in spitzen Klammern sind Zusätze des späteren Besitzers Georg Poelchau. Allgemeine Angaben zu diesem Katalog vgl. *Zelenka-Dokumentation. Quellen und Materialien*. In Verbindung mit Ortrun Landmann und Wolfgang Reich vorgelegt von Wolfgang Horn und Thomas Kohlhase, 2 Bde., Wiesbaden 1989, Bd. 1, S. 44-46. Zur Vereinfachung wird dieser Katalog im weiteren Verlauf der vorliegenden Arbeit als *Catalogo 1765* bezeichnet.

78 Diese Bestände umfassten nicht ausschließlich Kirchenmusik, sondern u.a. auch den gesamten Nachlass von Jan Dismas Zelenka und Giovanni Alberto Ristori (auch seine Opern, Oratorien und Instrumentalmusik), außerdem die vollständige in Dresden vorhandene Kirchenmusik von Johann Adolf Hasse, Kirchenmusikdrucke aus Italien, Kammerduette von Agostino Steffani, Opernarien von Giuseppe Maria Orlandini, sonstige Instrumentalwerke und musiktheoretische Bücher. Der „Schrank I" enthielt Werke von A bis K, „Schrank II" Werke von L bis R und „Schrank III" Werke von S bis Z. Vgl. dazu Gerhard Poppe, *Über historisches Gedächtnis in der Kirchenmusik – Zur Bearbeitung zweier Messen von Johann David Heinichen durch Joseph Schuster*, in: *Händel-Jahrbuch*, 47 (2001), S. 138.

79 D-Dl, Bibl. Arch. III H 788, 3. Heute ist nur noch der 3. Band erhalten (Komponisten S-Z und Anonyma).

80 D-B, Mus.ms.theor.Kat.186. *Zelenka-Dokumentation*, Bd. I, S. 44.

81 Dieser Umstand lässt auf mögliche oder geplante Werkaufführungen schließen. Von diesen Abschriften sind jedoch zwanzig seit 1945 verloren.

Dresden weitere sechs Werke überliefert, die nicht im *Catalogo 1765* enthalten sind. Die Tabelle 6, die auf dem *Catalogo 1765* basiert, gibt einen detaillierten Überblick über den gesamten Galuppi-Quellenbestand in der SLUB Dresden, inklusive die nicht mehr erhaltenen Quellen.

Die im *Catalogo 1765* verzeichneten Partituren stammen fast ausnahmslos aus der *copisteria* von Giuseppe Baldan. Sie weisen größtenteils ein charakteristisches kleines Querformat von 20 x 16 cm auf und wurden für den Transport noch einmal zusammengefaltet, wie die in der Mitte deutlich erkennbaren Falzstellen zeigen. Es handelt sich um sogenannte Reisepartituren, deren handliches Format und die zusätzliche Faltung den Transport größerer Mengen erleichterten. Neben den Galuppi zugeschriebenen Partituren stammen in Dresden noch elf weitere Abschriften von Werken anderer Komponisten aus der *copisteria* Baldan. Davon sind zehn im *Catalogo 1765* verzeichnet und eine gehörte zur ehemaligen Königlichen Privatmusikaliensammlung. Für die Beantwortung der Frage, wann und auf welchen Wegen der umfangreiche Galuppi-Werkbestand nach Dresden gelangt ist, müssen die Abschriften mit Werken der anderen Komponisten in die Überlegungen einbezogen werden. Es handelt sich dabei um Kompositionen von Melchiorre Chiesa (1758-1799), Vincenzo Ciampi (ca. 1719-1762), Niccolò Jommelli (1714-1774), Giovanni Battista Pergolesi (1710-1736), Giovanni Battista Pescetti (1704-1766), Antonio Puppi (Lebensdaten unbekannt) und Johann Gottfried Schwanenberger (ca. 1740-1804)[82]. Von diesen Partiturabschriften sind fünf mit dem Jahre 1758 datiert. (Vgl. Tabelle 7)

---

82   Nach einer freundlichen Mitteilung von Dr. Janice Stockigt, Melbourne an die Verfasserin.

Tabelle 6: Quellenbestand der Kirchenmusikwerke Baldassare Galuppis in der Sächsischen Landesbibliothek – Staats- und Universitätsbibliothek (SLUB) Dresden, einschließlich der heute verlorenen Quellen

Werk	Signatur Mus. 2973-..	Besetzung	Catalogo 1765 Fach/Lage	1765 vorhandenes Material	Titelschild[83] Fach/Lage	heutige Überlieferung Partitur/Stimmen	Kopist/Bemerkungen
Messen & Messensätze							
Kyrie, Gloria, Credo	D-3	Soli: SSATTB, Chor: SATB, Tr I, II, Hr I, II, Fl I, II, Ob I, II, VV, Va, Bc, Pk	15 / 2	Partitur, Stimmen	15 / 2	Partitur, 58 Stimmen Kriegsverlust	Baldan; Credo: siehe auch Mus. 2973-D-15
Messa (Kyrie, Gloria, Credo, Sanctus, Agnus Dei)	D-18	Soli: SSAAT, Chor: SATB, VV, Va, Bc	15 / 3	Partitur, Stimmen	Nr.2	Partitur	Baldan; Sanctus und Agnus Dei: unbekannter Herkunft Credo: siehe auch Mus. 2973-D-17
Kyrie, Gloria, Credo G-Dur	D-6	Soli/Chor: SATB, Hr I, II, Fl I, II, Ob I, II, VV, Va, Bc	15 / 4	Partitur, Stimmen	Nr.3	Partitur, 22 Stimmen Kriegsverlust	Baldan
Kyrie, Gloria, Credo G-Dur	D-7	Soli/Chor: SATB, Tr I, II, Hr I, II, Ob I, II/Fl I, II, VV, Va, Bc, Vc solo	16 / 1	Partitur, Stimmen	16 / Nr.4, 1	Partitur, 23 Stimmen Kriegsverlust	Baldan

83 Hierbei handelt es sich um neuere Titelschilder, die bei einer späteren Katalogisierung um 1780 angefertigt wurden. Dadurch ergeben sich Abweichungen zu den älteren Numerierungen des *Catalogo 1765*.

Kyrie, Gloria, Credo		SATB, Hr, Fl, VV, Va, Bc	16	3	Stimmen				Stimmen heute nicht mehr vorhanden; Partitur siehe Mus. 2973-D-2
Messa		SATB, Tr, Hr, Fl, VV, Va, Bc, Pk	16	4	Stimmen				heute nicht mehr vorhanden
Credo F-Dur	D-16	Soli/Chor: SATB, VV, Va, Bc	16	5	Partitur, Stimmen	16	5	Partitur, 16 Stimmen Kriegsverlust	Baldan; siehe auch Mus. 2973-D-19
Sanctus, Agnus Dei	D-14	SSATB, VV, Va, Bc	16	6	Stimmen			Partitur, 30 Stimmen Kriegsverlust	Dresdener Hofkopist D *Catalogo 1765* verzeichnet keine Partitur siehe auch Mus. 2973-D-9
Kyrie, Gloria, Credo e-Moll	D-19	Soli: SA, Chor: SATB, Tr I, II, Hr I, II, VV, Va, Bc	17	1	Partitur	21	3	Partitur	Baldan? Credo siehe auch Mus. 2973-D-16
Kyrie, Gloria, Credo, Sanctus, Agnus Dei D-Dur	D-9	Soli: SSATBB, Chor: SSATB, VV, Va, Bc	17	2	Partitur	21	4 Nr. 11	Partitur	Kyrie, Gloria, Credo: Baldan; Sanctus, Agnus Dei: unbekannter Herkunft Sanctus, Agnus Dei: siehe auch Mus. 2973-D-14
Kyrie, Gloria, Credo C-Dur	D-2	Soli/Chor: SATB, Ob solo, Tr I, II, VV, Va, Bc	17	3	Partitur	20	3	Partitur, 21 Stimmen Kriegsverlust	Baldan; *Catalogo 1765* verzeichnet keine Stimmen, vgl. Fach 16, Lage 3

Titel	Signatur	Besetzung		Nr.			Nr.		Bemerkungen
Kyrie, Gloria, Credo G-Dur	D-4	Soli/Chor: SSATB, Hr I, II, Ob I, II, VV, Va, Bc	17	4	Partitur	21	5 Nr. 13	Partitur	Baldan; unsichere Zuschreibung; ursprünglich war auf dem Titelblatt als Komponist „Florian Leopoldo Ghasman" notiert
Kyrie G-Dur	D-5	Soli: SA, Chor: SATB, Hr I, II, VV, Va, Vc, Bc, Pk	17	5	Partitur	21	6 Nr. 14	Partitur	Baldan; laut Titeletikett u. –blatt bestand die Partitur noch aus einem nicht überlieferten Gloria und Credo
Motetti									
Ecce volantem video saggitam, F-Dur	E-11	S solo, VV, Va, Bc	17	6	Partitur, Stimmen		No.1	Partitur, 12 Stimmen Kriegsverlust	Baldan
Inter Syrtes E-Dur		A solo, VV, Va, Bc	17	7	Partitur, Stimmen				heute nicht mehr vorhanden
Corimbelle, C-Dur		A solo, VV, Va, Bc	17	8	Stimmen				heute nicht mehr vorhanden
Turbo procella, F-Dur		A solo, VV, Va, Bc	17	9	Stimmen				heute nicht mehr vorhanden
Lingue rupes C-Dur		A solo, VV, Va, Bc	17	10	Stimmen				heute nicht mehr vorhanden
Inter Syrtes (transponiert) F-Dur		A solo, VV, Va, Bc	17	11	Stimmen				heute nicht mehr vorhanden
Gentes barbaro		A solo, VV, Va, Bc	17	12	Stimmen				heute nicht mehr vorhanden; nach OVER 1998, S.358, Hasse
Celsa platanus		A solo, VV, Va, Bc	17	13	Stimmen				heute nicht mehr vorhanden

Titel	E-Nr.	Besetzung							Bemerkung
Sparso crine		A solo, VV, Va, Bc	17	14	Partitur, Stimmen	22			heute nicht mehr vorhanden
Non torrentes F-Dur	E-13	S solo, VV, Va, Bc	18	2	Partitur		13, Nr.2	Partitur	Baldan? vgl. Mus. 2973-E-5
Non torrentes F-Dur	E-5	T solo, VV, Va, Bc	17	15	Partitur, Stimmen		No. 10	Partitur, 8 Stimmen Kriegsverlust	Baldan; vgl. Mus.2973-E-13
Dum refulget A-Dur	E-37	T solo, VV, Va, Bc	17	16	Partitur, Stimmen		No. 11 urspr No.3	Partitur, 9 Stimmen Kriegsverlust	Baldan
Gaudio pleno F-Dur	E-9	Soli: SAB, Chor: SATB, Hr, Ob, VV, Va, Bc	17	17	Partitur, Stimmen		No. 12	Partitur, 17 Stimmen Kriegsverlust	Baldan
In hac pompa D-Dur	E-10	Soli: SAB, Chor: SATB, Tr, Ob, Hr, VV, Va, Bc	18	1	Partitur	22	12 Nr.1	Partitur	Baldan
Sub coelo sereno D-Dur	E-18	S solo, VV, Va, Bc	18	3	Partitur	22	14, Nr.3	Partitur	Baldan
Quaerenti per fontes g-Moll	E-17	S solo, VV, Va, Bc	18	5	Partitur	22	16, Nr.5	Partitur	Baldan
Gravi angore conturbata G-Dur	E-12	S solo, Hr, VV, Va, Bc	18	6	Partitur	22	17, Nr.6	Partitur	Baldan; unsichere Zuschreibung; nach OVER 1998, S.358, Bertoni
Sum offensa	E-19	S solo, VV, Va, Bc	18	8	Partitur	22	19 Nr.8	Partitur	Baldan?
Opallida viola		A solo, VV, Va, Bc	18	11	Partitur				heute nicht mehr vorhanden; nach OVER 1998, S. 358, Porpora
Sparso crine		A solo, VV, Va, Bc	18	12	Partitur				heute nicht mehr vorh.

Placide surge		A solo, VV, Va, Bc	18	13	Partitur				heute nicht mehr vorhanden; nach OVER 1998, S. 358, Porpora
Turbido coelo		A solo, VV, Va, Bc	18	14	Partitur				heute nicht mehr vorhanden; nach OVER 1998, S. 358, Carcani
In procella		A solo, VV, Va, Bc	18	15	Partitur				heute nicht mehr vorhanden
Flama ultrici		A solo, VV, Va, Bc	18	16	Partitur				heute nicht mehr vorhanden; laut OVER 1998, S. 358, Carcani
Tecum irata		A solo, VV, Va, Bc	18	17	Partitur				heute nicht mehr vorhanden
Eja abite		A solo, VV, Va, Bc	18	18	Partitur				heute nicht mehr vorhanden
Sum nimis irata G-Dur	E-38	T solo, VV, Va, Bc	18	19	Partitur	22	30 Nr. 19	Partitur	Baldan
Ab unda algente	E-36	T solo, VV, Va, Bc	18	20	Partitur	22	31 Nr. 20	Partitur	Baldan
Requiemkompositionen									
Requiem F-Dur	D-22	Soli: SATTB, Chor: SATB, Tr I, II, Hr I, II, Ob I, II, Fl solo, VV, Va, Bc	18	21	Partitur, Stimmen		Nr.1	Partitur, 14 Stimmen Kriegsverlust	Baldan
Requiem E-Dur	D-21	Soli/Chor: SATB, Tr, Hr I, II, VV, Va, Bc	18	22	Partitur, Stimmen		Nr.2	Partitur, 26 Stimmen Kriegsverlust	Baldan; Offertorium: anderer Schreiber

Requiem F-Dur	D-23,1	Soli: SA, Chor: SATB, Tr I, II, Hr I, II, VV, Va, Vc solo, Bc	18	23	Partitur, Stimmen	23	3 Nr.3	Partitur	Baldan, Titel+1. Seite: Dresdner Hofkopist, Rest: Baldan
Requiem F-Dur	D-23,2	Soli: SAT, Chor: SATB, Ob I, II, Fl I, II, Tr I, II, Hr I, II, VV, Va, Bc						Partitur	Dresdner Kopist Matthäus Schlettner Provenienz: Königliche Familie
Requiem F-Dur	D-23a/b	23a: Soli: SA, Chor: SATB 23b: S solo mit Bc, A solo mit Bc						12 Stimmen bzw. 2 Stimmen	verschiedene Dresdner Hofkopisten u.a. Matthäus Schlettner, Carl Gottlob Uhle 23a: Jahreszahlen 1833, 1834, 1836, 1848, 1854, 4.11.1858, 3.11. 1863, 4. 11. 1864
Te Deum-Kompositionen									
Te Deum D-Dur	D-25	Soli: AT, Chor: SATB, Tr I, II, Ob I, II, VV, Va, Bc	19	1	Partitur, Stimmen	19	No.1	Partitur, 17 Stimmen Kriegsverlust	Baldan
Te Deum C-Dur	D-24	SATB, VV, Va, Bc	19	2	Partitur, Stimmen	19	No.2	Partitur, 21 Stimmen Kriegsverlust	Baldan
Marianische Antiphonen									
Alma Redemptoris c-Moll	E-7	A solo, VV, Va, Bc	19	4	Partitur	24	22	Partitur	Baldan
Ave Regina G-Dur	E-8	A solo, VV, Va, Bc	19	5	Partitur	24	23	Partitur	Baldan
Regina coeli F-Dur	E-6	S solo, VV, Va, Bc	19	6	Partitur	24	24	Partitur	Baldan

Psalmen

Miserere Es-Dur	D-28,1	Soli: SSAA, Chor: SATB, VV, Va, Bc	19	7	Partitur, Stimmen			Partitur, 19 Stimmen Kriegsverlust	Baldan
Doccbo	D-28,2	Soli: SSAA, Chor: SATB, VV, Va, Bc	19	8	Partitur, Stimmen		Nr.1	Partitur, 20 Stimmen Kriegsverlust	Baldan
Dixit Dominus B-Dur	D-30	S solo, SATB, VV, Va, Bc	19	10	Partitur	24	7	Partitur	Baldan 1751
Confitebor G-Dur	E-3	SA solo, VV, Va, Bc	19	12	Partitur	24	9	Partitur	Baldan
Laudate pueri F-Dur	D-33	Soli: SAB, VV, Va, Bc	19	14	Partitur	24	11	Partitur	Baldan
Laudate pueri E-Dur	E-4	SSA, Fl I, II, VV, Va, Bc	19	15	Partitur	24	12	Partitur	Baldan
Laetatus sum C-Dur	D-36	SATB, VV, Va, Bc	19	16	Partitur	19	16 Nr.7	Partitur, 28 Stimmen Kriegsverlust	Baldan; Titelblatt notiert ursprünglich nur „partitura sola", ergänzt wurde „e parti", da die Stimmen später entstanden sind; unsichere Werkzuschreibung
Laetatus sum A-Dur	D-37	Soli: SSATB, Chor: SATB, VV, Va, Bc	19	17	Partitur	19	17 Nr.8	Partitur, 27 Stimmen Kriegsverlust	Baldan; Catalog 1765 notiert nur Partitur, da die Stimmen später entstanden sind; unsichere Werkzuschreibung

Nisi Dominus c-Moll	D-38	Soli: SA, Chor: SATB, VV, Va, Bc	19	Partitur	19	24	Partitur	16	Baldan
Lauda Jerusalem C-Dur	D-40	Soli: SAB, Chor: SATB, VV, Va, Bc	19	Partitur	20	24	Partitur	17	Baldan; unsichere Werkzuschreibung
In exitu Israel a-Moll	D-34	SSATB, VV, Va, Bc	19	Partitur	22	24	Partitur	19 Nr. 13	Baldan; unsichere Werkzuschreibung
Laudate Dominum F-Dur	D-35	SATB, Hr I, II, Ob I, II, VV, Va, Bc	19		23	19	Partitur 32 Stimmen Kriegsverlust	23 Nr.2	Baldan; unsichere Werkzuschreibung
Canticum									
Magnificat G-Dur	D-27	Solo: S, Chor: SATB, Hr I, II, VV, Va, Vc soli, Bc	19	Parti-tur/Stimmen	24	19	Partitur 19 Stimmen Kriegsverlust	24 Nr.1	Baldan 1751
Hymnus									
Tantum ergo G-Dur	E-20	S solo, VV, Va, Bc	18	Partitur	10	22	Partitur	21 Nr. 10	Baldan
Completorium									
Completorium	E-2	SATB	19	Partitur	9	24		6	Baldan; wahrscheinlich Fehlzuschreibung
nicht im *Catalogo 1765* verzeichnete Quellen									
Kyrie c-Moll	D-20	Soli/Chor: SATB, Hr I, II, Ob I, II, VV, Va, Bc					Partitur, 31 Stimmen Kriegsverlust		1764 Johann Gottlieb Naumann

Gloria D-Dur	D-13	Soli: SA, Chor: SATB, Hr I, II, Fl I, II, Ob I, II, VV, Va, Bc	21	8 Nr.1 6	Partitur	Johann Gottlieb Naumann
Gloria, Credo D-Dur	D-12	Soli: SA, Chor: SATB, Tr I, II, Hr I, II, Ob I, II, Fl I, II, Fg, VV, Va, Bc (Laudamus: 2 Orchester)		9	Partitur	Baldan
Credo A-Dur	D-15	Soli: SS, Chor: SATB, Tr I, II, Hr I, II, Ob I, II, VV, Va, Bc	21	10 Nr.1 8	Partitur	Johann Gottlieb Naumann
Credo F-Dur	D-17	Solo: S, Chor: SATB, Ob I, II, VV, Va, Bc			Partitur, 31 Stimmen Kriegsverlust	1749 Johann Gottlieb Naumann vgl. Mus. 2973-D-18
Victimae paschali laudes D-Dur	E-1	SATB, Org			Partitur	ital. Kopist 18.Jh.; Partitur stammt aus der Königlichen Privat-Musikaliensammlung

Tabelle 7: Weitere Kopien der *copisteria* Baldan in der SLUB Dresden

Komponist	Werk	Signatur	Catalogo 1765	Bemerkungen
Chiesa, (Giuseppe) Melchiorre	Motetto: *In hoc mare* (S solo, V I, II, Va, Hr I, II, Bc)	Mus. 3283-E-1	Fach 8, Lage 9	Titelblatt: *Mottetto.* | *A'Voce Sola con Strumenti.* | *Composto li 28. luglio l'Anno1758:* | *In Milano.* | *Del Giuseppe Chiesa Milanese* Pariturende: *D.Giuseppe Baldan Copista di Musica al Ponte di San Gio: Grisostomo Venezia*
Ciampi, Vicenzo	Te Deum	Mus. 3059-E-1	Fach 9, Lage 2; Titelschild: 12. Fach, 4. Lage	Titelblatt: *Te deum.* | *1758:* | *21 Xbre:* | *Del Sig: Vicenzo Ciampi*
Jomelli, Niccolò	Messa	Mus. 3032-D-2	? Fach 35, Lage 5 ?; kein Titelschild	Titelblatt: *Messa* | *a quattro voci.* | *Con Strum.ᵘ* | *Del Sig: Nicolò Jomelli*
Jommelli, Niccolò	Messa	Mus. 3032-D-3	? Fach 35, Lage 6 ?; kein Titelschild	Das Manuskript gehörte laut Stempel zur Königlichen Privat-Musikaliensammlung: BIBLIOTECA MUSICA REGIA
Jomelli, Niccolò	Messa	Mus. 3032-D-4	? Fach 35, Lage7; kein Titelschild	Titelblatt: *Messa* | *a quattro Voci* | *Con Strum.ᵘ* | *Del Sig: Nicolò Jomelli*
Jomelli, Niccolò	Messa	Mus. 3032-D-5		Titelseite: *Messa Solenne.* | *a 4.° Voci* | *Concertata* | *Musica del Sig: Nicolò Jomelli* | *Fatta per il Pio Luoco degl'Incurabili*
Pergolesi, Giovanni Battista	Miserere	Mus. 3005-E-2 / 2a	Fach 9, Lage 2; Titelschild: 6. Fach, 3. Lage	Titeletikett: *Lit: Schranck No. II.* | *P: 6. Fach, 3. Lage* | *Miserere* | *à 4. voci* | *à Capelle* | *Partitura sola* | *del Sig Pergolesi;* Titelseite: *Miserere* | *Da cantarsi nel Mercodi,*

				Giovedì | e Venerdì Santo. | In Sancta Sanctorum In Roma | Del Sig: Gio: Batta: Pergolesi
Pescetti, Giovanni Battista	Gloria	Mus. 2967-D-1,2		Titeletikett: No:1 | Gloria | alla Messa in Gmoll | dell Sig: Pescetti
Pescetti, Giovanni Battista	Messa	Mus. 2967-D-1,1	Fach 9, Lage 8; kein Titelschild	Titeletikett: No:1 | Gmoll | Messa Concertata | a | 4 Voce | 2 Violini, 2) Oboi | 2 Trombe, 2 Corni | Viola ed Basso | dell'Sig:Pescetti | AR Titelseite: Messa | nuova | Concertata à Quattro Voci | Con Tutti li Strumenti 1758:| Del Sig: Gio: Batta Pescetti Sanctus, Agnus Dei: unbekannter Schreiber
Puppi, Antonio	Messa (Kyrie, Gloria, Credo)	Mus. 3157-D-1	Fach 14, Lage 2.	Titeletikett: Messa Concertata. Gmoll. | à 4. Voce. | Soprano Cotr. Alto | Tenoro. Basso | 2) Corni 2) Oboi | 2) Violini | Viola | Organo. | dell' Sig: Puppi Scolaro di Buranello. Titelseite: Messa. | nuova, e prima | Concertata | a 4.° Voci | 31: Agosto 1758: | Del Sig: Antonio Puppi | Scolaro del Sig: Buranello | Celebre Maestro, e | Direttore del sud.° Puppi
Schwanenberger, Johann Gottfried	Motetto: Vesper immines	Mus. 3335-E-1		Titelblatt: Mottetto. | A'Voce sola con | Strumenti. | [andre Hand:] del Sig. Swamberg Maestro di Capella del D: di Braunswich

Als Anschaffungszeitraum der Baldan-Abschriften für den Dresdener Hof lässt sich die Zeit zwischen 1750 und 1764 vermuten, wobei nicht klar ist, ob der Ankauf in mehreren Schritten, oder auf einmal erfolgte; für mehrere Ankäufe würde sprechen, dass bei Galuppi in einigen Fällen mehrere Abschriften ein und desselben Werkes vorhanden sind. 1750 als der frühest mögliche Zeitpunkt ergibt sich durch die Datierung auf einem der Titelblätter: *Confitebor* G-Dur: *Per il Pio Luoco de Mendicanti 1750*. Der terminus ante quem 1764 läßt sich aus der Fertigstellung des *Catalogo 1765* ableiten.[84] Hinzu kommen auch die fünf mit 1758 datierten Kopien von Chiesa, Ciampi, Pescetti und Puppi. Jedoch ist unklar, ob diese gemeinsam mit den Galuppi-Werken nach Dresden gelangten.

Über die Veranlassung der Bestellung einer so großen Zahl von Kirchenmusikwerken Galuppis lässt sich nur spekulieren. Bekannt ist, dass der sächsische Kurprinz Friedrich Christian von Januar bis zum 11. Juni 1740 in Venedig weilte und am 4. und 9. April je ein Konzert am Ospedale dei Mendicanti hörte, bei denen u.a. eine Galuppi-Arie erklang.[85] Zwar erfolgte Galuppis offizielle Ernennung zum *maestro di coro* an diesem Ospedale erst am 4. August, doch war er bereits nach Ausscheiden seines Amtsvorgängers Giuseppe Saratelli am 2. Februar 1740 gelegentlich für das Ospedale tätig. Vielleicht hatte der sächsische Kurprinz in Venedig noch mehr Gelegenheit, Musik von Galuppi zu hören und fand Gefallen an ihr, so dass er später in Dresden die Anschaffung von Galuppis Musik veranlasste.

Nachgewiesen ist auf jeden Fall, dass Galuppis Opern in den 1750er Jahren am Dresdener Hof durchaus eine bedeutende Rolle spielten. Die italienische Operntruppe von Giovanni Battista Locatelli (1713-1790)[86] trat mehrmals zwischen 1753 und 1757 mit acht Opern Galuppis in Dresden auf, so 1753 im Brühlschen Theater mit *Il mondo alla roversa*, *Calamità de cuori* und *Il mondo della luna*, im darauffolgenden Jahr im Morettischen Theater mit *Arcadia in Brenta* und *Il Filosofo di Campagna* sowie *Il Conte Camarella* und schließlich 1756 im Zwingertheater *Il pazzo glorioso* und *Li vaghi accidenti fra Amore e Gelosia*.[87] Vielleicht war der Erfolg von Galuppis Opern ausschlaggebend dafür, dass die musikliebende Kurfürstin Maria Antonia Walpurgis ihr Interesse an seiner Musik auch auf die Kirchenmusik ausweitete und entsprechende Partituren anschaffen ließ.[88]

---

84   Die Suche im Sächsischen Hauptstaatsarchiv Dresden (SächsHStArch) nach möglichen Zahlungsnachweisen über Notenanschaffungen aus Italien in den Rechungsbüchern der Kurfürstin Maria Antonia Walpurgis und des Kurprinzen Friedrich Christian blieb ohne Ergebnis.

85   Francesco Piovano, *Note bio-bibliografiche*, in: *Rivista Musicale Italiana*, XIII (1906), S. 697f.

86   Giovanni Battista Locatelli war zunächst Mitglied in der Operntruppe von Pietro Mingotti. Mit seiner eigenen Truppe bereiste er Prag, Dresden und Hamburg. Zwischen 1757 und 1762 war er Leiter der Hofoper in St. Petersburg und führte dort, wie auch in Moskau, wohin er 1762 ging, Galuppi-Opern auf. Im SächsHStArch sind die an Locatelli erteilten Erlaubnisschreiben des Grafen Brühl erhalten, wonach es ihm gestattet wurde, in Dresden Opern aufführen zu dürfen. Siehe dazu SächsHStArch, Oberhofmarschallamt G. Nr. 62a: am Ende des Bandes, Lagen Nr. 1, 2.

87   Moritz Fürstenau, *Zur Geschichte der Musik und des Theaters am Hofe zu Dresden*, Bd. II, Dresden 1862, Reprint Leipzig 1979, S. 280f., 285, 287.

88   Eine späteres Interesse von Maria Antonia Walpurgis an Galuppis Kirchenmusik ist belegt für einen Besuch in Venedig im Juni 1772, bei dem sie eine Messe von Galuppi hörte. Maria Antonia Walpurgis war auf der Rückreise aus Rom, wo sie vergeblich versucht hatte, die Zustimmung des Papstes Clemens XIV. zu bekommen, dass ihr Sohn Anton zur Bischofs-

Möglicherweise spielte aber bei der Beschaffung der Galuppi-Kirchenmusik auch der erhöhte Bedarf ab 1756 eine Rolle, da Johann Georg Schürer nach dem Tod der übrigen Kirchencompositeurs (Giovanni Alberto Ristori [1692-1753], Tobias Butz [1692-1760] und Michael Breunich [1699-1755]) nunmehr fast allein für die Kirchenmusikkompositionen am Hof zuständig war. Vermutlich konnte Schürer die erforderliche Anzahl der Werke nicht mehr bewältigen und war deshalb gezwungen, auswärtige Kompositionen ankaufen zu lassen.

Eine andere These stellt Berthold Over auf.[89] Er vermutet, dass die Galuppi-Manuskripte über den Komponisten Johann Gottlieb Naumann (1741-1801) nach Dresden gelangt sein könnten. Naumann kam im Mai 1757 als Reisebegleiter des schwedischen Geigers Anders Wesström nach Italien und lernte dort u.a. Giuseppe Tartini, Padre Martini und Johann Adolf Hasse in Venedig kennen. Hier debütierte er 1762 als Opernkomponist und wurde 1764 nach seiner Rückkehr nach Dresden zum zweiten Kirchencompositeur am Dresdner Hof ernannt. Kurz darauf reiste er 1765 bis 1768, diesmal auf Kosten des Dresdener Hofes, ein zweites Mal nach Italien (u.a. wieder nach Venedig) und brachte von dort Musikalien mit nach Dresden. Dies zeigt ein mit Ende Dezember 1768 datierter Zahlungsbeleg im Sächsischen Hauptstaatsarchiv, wonach „49 Partituren von Kirchen Musik von verschiedenen Meistern vor 26 Thlr. 6gr. 6 pf. zum Besten des allhiesigen Kirchendienstes erkauffet" wurden.[90] Auf dieser Reise komponierte Naumann zahlreiche Kirchenmusik-

---

wahl von Liège zugelassen wird. Sie äußerte den Wunsch, am 7. Juni an der Pfingstmesse an San Marco teilzunehmen, für die von den Prokuratoren eigens die Aufführung einer Galuppi-Messe bestimmt wurde: „Fù adunque ordinato al Molto Reverendo D. Francesco Venier Maestro delle cerimonie, che commessa al Maestro di Capella acciò cantata fosse una delle più armoniche Messe da esso composte, e che vi dovessero interveire tutti li Musici, Cantori, e Suonatori di ogni Stromento da' mano, e da fiato." Maria Antonia Walpurgis, incognito als Comtessa di Brehna auftretend, kam erst zum Beginn des *Gloria* in die Kirche, wo sie einen separaten Sitzplatz auf einem der Palchetti im Presbyterium der Kirche zugewiesen bekam. Ob dieser Höreindruck der Messe von Galuppi (wahrscheinlich aber nur die Teile *Gloria* und *Credo*, da das *Kyrie* traditionell vom 1. Organisten komponiert wurde) bei Maria Antonia Walpurgis dazu führte, dass sie verstärkt seine Kirchenmusikwerke für den Dresdener Hof anschaffen ließ, lässt sich nur vermuten. Jedoch könnte dies nur einen Teil der heute in der SLUB Dresden überlieferten Partituren betreffen, da die im *Catalogo 1765* verzeichneten Partituren auf jeden Fall nicht dazu gehören, weil sie noch vor Fertigstellung des Hofkirchenkatalogs 1765 angeschafft worden sein müssen. Vgl. Berthold Over, *Notizie settecentesche sulla musica a San Marco: I Notatori di Pietro Gradenigo*, in: *La Cappella Musicale di San Marco nell'età moderna*, Venedig 1998, S. 36. Vgl. auch *Neue Deutsche Biographie*, hrsg. von der Historischen Kommission bei der Bayerischen Akademie der Wissenschaften, Berlin 1953, XVI, S. 199; sowie Heribert Raab, *Die Romreise der Kurfürstin-Witwe Maria Antonia Walpurgis von Sachsen 1772*, in: *Hundert Jahre Deutsches Priesterkolleg am Campo Santo Teutonico 1876-1976. Beiträge zu seiner Geschichte*, hrsg. von Erwin Gatz, *Römische Quartalsschrift für christliche Altertumskunde und Kirchengeschichte*, suppl. 35, Rom-Freiburg etc. 1977, S. 98 f.

89 OVER 1998, S. 283, 359.
90 SächsHStArch, Loc. cit. 910, Acta, das Churfürstliche Orchestre ... Vol. I (1764-1768): fol. 367r.

werke[91] und fertigte vermutlich auch die vier Abschriften der Messesätze Galuppis an. Dass Naumann aber bereits bei seinem ersten Italienaufenthalt die im *Catalogo 1765* verzeichneten Galuppi-Manuskripte aus Italien mitgebracht haben könnte, wie Over behauptet, scheint unwahrscheinlich. Naumann hatte vor seiner Rückkehr nach Dresden lediglich eine allgemeine Zusage der Kurfürstin Maria Antonia Walpurgis über eine „anständige Versorgung am Sächsischen Hof"[92] erhalten, die jedoch nicht näher ausgeführt war. Erst in Dresden wurde Naumann nach einer erfolgreich bestandenen Probekomposition und -aufführung einer Messe am 1. August 1764 zum zweiten Kirchencompositeur ernannt. Warum hätte also Naumann während seines ersten Italien-Aufenthaltes, bei dem er sich außerdem mehr mit der Oper als mit der Kirchenmusik beschäftigt hatte, ohne konkreten Auftrag eine so große Menge an Kirchenmusik-Partituren nach Dresden schicken oder mitbringen sollen?

Wiederum als weitere Möglichkeit des Notentransfers nach Dresden zieht Over Johann Adolf Hasse in Betracht.[93] Auch Wolfram Hader ist in seinem Buch *Requiem-Vertonungen in der Dresdner Hofkirchenmusik von 1720 bis 1764*[94] der Meinung, dass die Kirchenmusikwerke Galuppis durch Hasse, der während seiner Dresdner Hofkapellmeisterzeit mehrfach in den 1730er bis 1750er Jahren für längere Zeit in Venedig weilte, nach Dresden gelangt sein könnten. Dies ist aber eher unwahrscheinlich, da sich in diesem Bestand einige von Hasse stammende Motetti befinden, auf deren Partituren eindeutig der Name Galuppis notiert ist.[95]

Eine endgültige Antwort auf die Frage, auf welchem Wege und wann die Abschriften der Kirchenmusikwerke von Galuppi an den Dresdener Hof gelangten, konnte bis jetzt nicht gefunden werden. Als einziger zeitlicher Anhaltspunkt bleibt der terminus ante quem 1764, die Fertigstellung des *Catalogo 1764*.

2.2.1. Spezifika der Überlieferung im Dresdener Quellenbestand

Die Angaben zum Komponistennamen Galuppi auf den Titelblättern der Baldan-Kopien sowie im *Catalogo 1765* haben sich als nicht immer zuverlässig erwiesen, da sie nachweislich einige Fehlzuschreibungen enthalten. Bei einer der Fehlzuschreibungen handelt sich um den Psalm *Beatus Vir* C-Dur (ehemals Mus. 2973-E-3, heute Mus. 2389-E-4), der von Peter Ryom als ein Werk von Antonio Vivaldi RV 795

---

91 August Gottlieb Meißner, *Bruchstücke zur Biographie Johann Gottlieb Naumann's*, Prag 1803, S. 229.

92 Ebda., S. 203.

93 OVER 1998, S. 283, 359.

94 Wolfram Hader, *Requiem-Vertonungen in der Dresdner Hofkirchenmusik von 1720 bis 1764*, Tutzing 2001, S. 27.

95 Vgl. hierzu den Abschnitt zu den Fehlzuschreibungen im Kapitel II. 2.2.1. Spezifika der Überlieferung im Dresdener Quellenbestand.

identifiziert wurde.[96] Die doppelchörige Version dieses Werkes RV 597 wird als autographe Partitur Vivaldis in der Turiner Nationalbibliothek aufbewahrt. Zudem existiert auch eine weitere einchörige Fassung (wie die Dresdner) in Fragmenten in der Bibliothek des Conservatorio „Benedetto Marcello" in Venedig[97]. Ryom untersucht die Fassungen und zeigt, dass sich die beiden Quellen in Dresden und Turin nicht nur durch ihre Ein- bzw. Doppelchörigkeit unterscheiden, sondern auch in der Instrumentierung, da in der Dresdener Quelle keine Oboen vorgeschrieben sind. Ein Vergleich mit den Fragmenten in Venedig zeigt außerdem, dass sie nicht in allen Werkteilen übereinstimmen. Nach Meinung Ryoms gibt es dazu zwei mögliche Erklärungen: Laut Ryoms erster Hypothese hat Galuppi die Originalversion des *Beatus vir* komponiert, wie sie heute in der Dresdner Quelle überliefert ist. Später hat Vivaldi das Werk kennengelernt und einige Teile davon aufgenommen und modifiziert, auch in die zweichörige Variante in Turin.[98] Als andere Möglichkeit kommt für Ryom Vivaldi als Komponist des Psalms in Frage. Da er auf der Dresdener Partitur als *„Beatus Primo..."* bezeichnet wird, muss also noch ein später entstandenes zweites *Beatus vir* (heute RV 597) vorhanden gewesen sein, in das Vivaldi Elemente des ersten übernahm. Von der ersten Version, dessen Autograph nicht mehr erhalten ist, wurde eine Kopie angefertigt, die dann fälschlich Galuppi zugeschrieben wurde.[99] Beide Erklärungsversuche liefern letztendlich keine eindeutige Lösung der Zuschreibungsfrage. Eine andere Meinung vertritt hingegen Michael Talbot, der auf Grund der autographen doppelchörigen *Beatus vir*-Variante RV 597 in der Turiner Nationalbibliothek eindeutig Vivaldi als den Komponisten der einchörigen Dresdner Fassung ansieht. Als Grund für diese Fehlzuschreibungen vermutet Talbot entweder ein Versehen des Kopisten oder die Möglichkeit, dass Galuppis Name willkürlich auf Kompositionen gesetzt wurde, dessen Vorlagepartitur keinen Komponistennamen aufwies, wie es bei einigen Vivaldi-Autographen der Fall war. Oder die *copisteria* Baldan, die mit der Zusendung von Galuppi-Werken an den Dresdner Hof beauftragt war, befand die Anzahl der zur Verfügung stehenden Werke als zu gering und erhöhte sie einfach durch Fremdwerke, auf die Galuppis Namen gesetzt wurde. Möglich wäre auch nach Ansicht Talbots, dass Baldan auf Grund der höheren Popularität Galuppis, der eine Generation jünger als Vivaldi

96 Peter Ryom, *Vivaldi ou Galuppi? Un cas de doute surprenant*, in: *Vivaldi vero e falso. Problemi di attribuzione*, a cura di Antonio Fanna e Michael Talbot, Florenz 1992, S. 25-41.

97 Michael Talbot, *A Vivaldi Discovery at the Conservatorio „Benedetto Marcello"*, in: *Informazioni e studi vivaldiani*, III (1982), S. 3-12.

98 Ryom lässt allerdings bei dieser Vermutung außer Acht, dass Galuppi erst durch seine Anstellung am Ospedale dei Mendicanti ab 1740 mit der Komposition von Kirchenmusikwerken begonnen hat, während Vivaldi bereits 1741 starb.

99 Peter Ryom, *Vivaldi ou Galuppi? Un cas de doute surprenant*, in: *Vivaldi vero e falso. Problemi di attribuzione*, a cura di Antonio Fanna e Michael Talbot, Florenz 1992, S. 34 ff.

war, die Komponistennamen bewusst vertauschte, um das Werk besser verkaufen zu können.[100] Ebenfalls als ein Werk Vivaldis identifizierte Talbot im Jahr 2003 die Psalmvertonung *Nisi Dominus* A-Dur (heute RV 803) (olim D-Dl, Mus. 2973-D-39). Er verweist dabei auf die spezifische Instrumentierung der Vertonung mit Chalumeau, Tromba marina und Viola d'amor, die typische Instrumente für das Ospedale della Pietà sind, an dem Vivaldi angestellt war. Hingegen wurden sie am Ospedale dei Mendicanti, an dem Galuppi tätig war, nicht verwendet. Außerdem argumentiert Talbot mit der musikalischen Faktur des Psalms, die auf Vivaldi hinweist. Des Weiteren könnte es sich bei dem *Nisi Dominus* um jene Psalmvertonung handeln, die in eine Abrechnung aus dem Jahre 1739 über sechs gelieferte Vesperpsalmen (u.a. das oben erwähnte *Beatus vir* [RV 597]) gehört, aber bisher nicht zugeordnet werden konnte.[101]

Das *Lauda Jerusalem* C-Dur (D-Dl, Mus. 2973-D-41) erwies sich nach Talbot als eine weitere Fehlzuschreibung. Er vermutet, dass es sich hierbei um das anonym in Vivaldis Notenarchiv überlieferte *Lauda Jerusalem* handelt, das im Werkverzeichnis unter RV Anh. 35 geführt ist (I-Tn, Giordano 33, Bl. 115-120). Die vorliegende erste Bearbeitung nutzte er, um eine zweite, radikalere Bearbeitung mit neuem Text als *Credidi* RV 605 zu schaffen. Die Dresdener Quelle stellt also eine Art „Zwischenform" dar.[102]

Erst kürzlich erkannten Janice Stockigt und Michael Talbot in der Galuppi zugeschriebenen Psalmvertonung *Dixit Dominus* D-Dur (olim: D-Dl, Mus. 2973-D-31) ein Werk Vivaldis (RV 807).[103] Nach beider Meinung spiegelt das Werk die Eigenheiten des Kompositionsstils von Vivaldi wider. Außerdem finden sich einige Themen und Motive daraus auch in anderen Werken wieder, wie z.B. die Tenorarie *Dominus a dextris* zeigt, die fast genau mit dem A-Teil der Arie *Alma oppressa da sorte crudele* aus Vivaldis Oper *La fida ninfa* von 1732 übereinstimmt. Ebenso finden sich Parallelen im Aufbau, in Instrumentation und Affekten zu Vivaldis anderen beiden *Dixit Dominus*-Vertonungen RV 595 (um 1715) und RV 594 (um 1730). Talbot vermutet, dass es sich hier um die jüngste der drei Vertonungen handelt, die wahrscheinlich in Vivaldis später Schaffensphase (1732-1741) entstanden ist. Nicht zuletzt scheint das Vorhandensein des gemischten Chores ein Indiz dafür zu sein, dass das *Dixit Dominus* RV 807 eine andere Bestimmung außerhalb von Vivaldis Wirkungsort, dem Ospedale della Pietà, gehabt hatte.

Auch die in Dresden überlieferten Messen sind von Fehlzuschreibungen betroffen. Hierbei handelt es sich um die Messe D-Dur (D-Dl, Mus. 2973-D-10), die von Flo-

---

100 Kritischer Bericht der Edition zum Psalm *Beatus Vir* RV 795 hrsg. von Michael Talbot, Mailand 1995, S. 130f. Siehe auch ders., *The sacred vocal music of Antonio Vivaldi*, Florenz 1995, S. 557-564

101 Michael Talbot, *Recovering Vivaldi's Lost Psalm*, in: *Eighteenth-Century Music*, 1 (2004).

102 Nach einer freundlichen Mitteilung von Michael Talbot an die Verfasserin.

103 Vgl. Janice B. Stockigt, Michael Talbot, *Two more new Vivaldi finds in Dresden*, in: *Eighteenth-Century Music* (erscheint im März 2006).

rian Leopold Gaßmann stammt. Das Autograph Gaßmanns mit den Sätzen *Kyrie*, *Gloria* und *Credo* wird in der Bibliothek der Gesellschaft der Musikfreunde in Wien aufbewahrt. In zwei weiteren Fällen könnte ebenfalls Gaßmann der eigentliche Komponist sein: Bei der Messe A-Dur (Anh. 2) (D-Dl, Mus. 2973-D-4) lässt sich auf dem Titelblatt noch sein ursprünglich notierter Name erkennen, der dann mit Hilfe von Verzierungen unkenntlich gemacht und durch Galuppis Namen ersetzt wurde. Auch bei dem *Te Deum* D-Dur (D-Dl, Mus. 2973-D-26) handelt es sich wahrscheinlich um ein Werk Gaßmanns, welches in der Göttweiger Stiftsbibliothek unter seinem Namen überliefert ist.[104]

Bei dem Completorium *Cum invocarem* ist eine Zuschreibung an Galuppi auf Grund der musikalischen Faktur im *stile antico* ebenfalls eher unwahrscheinlich. Completorien wurden an Heiligenfesten der Fastenzeit anstelle der Vesper aufgeführt. Für eine Aufführung am Dresdener Hof war aber ein vollständig im *stile antico* komponiertes Completorium nicht gebräuchlich.

Neben den genannten Psalmen, Messen und dem Te Deum sind auch die Motetti von Fehlzuschreibungen betroffen. Durch zahlreiche Verluste ist die ursprüngliche, im *Catalogo 1765* verzeichnete Anzahl der Motetti auf etwa die Hälfte reduziert. Folgt man der Argumentation von Berthold Over, deren Basis die Libretti bilden, so lassen sich unter diesen Abschriften mindestens drei mögliche Fehlzuschreibungen feststellen.[105] Den Motetto *Gravi angore conturbata* schreibt er Ferdinando Bertoni (1725-1813) zu, da dieser in der Librettosammlung *Sacra Modulamina* (1756) als Komponist genannt wird.[106] Der Motetto *Prata colles* stammt entweder von Johann Adolf Hasse (1699-1783) oder von Gioacchino Cocchi (ca. 1720-nach 1788). Die mögliche Zuweisung an die Autorschaft Hasses erfolgt auf Grund seiner Namensnennung („Sassone") in der Londoner Quelle. Auch Gioacchino Cocchi kommt durch seine Erwähnung als Komponist in der Textsammlung *Sacra Modulamina* 1743-57 in Frage. Galuppi schließt Over als Komponisten aus, da die im Libretto aufgeführte Sängerin Emilia Cedroni das Ospedale degl'Incurabili bereits 1757 verließ, Galuppi seine Stelle als *maestro di coro* aber erst 1762 antrat. Eine weitere Sängerin, die in der Londoner Quelle aufgeführte *Mastellera* würde ebenfalls nicht zu Galuppis Amtszeiten passen, da sie viel früher aktiv war (ca. 1730-40er Jahre).[107] Helmut Hell vermutet in seinem Aufsatz *Die betrogene Prinzessin. Zum Schreiber „L. Vinci*

---

104 Vgl. *Der Göttweiger Thematische Katalog von 1830*, Faksimile der Originalhandschrift, hrsg. von Friedrich Wilhelm Riedel, München-Salzburg 1779, Bd. I, S. 269, Nr. 1710.

105 Weitere im *Catalogo 1765* verzeichnete, aber nicht mehr erhaltene Motetti, die OVER 1998 für Fehlzuschreibungen hält, sind: Giuseppe Carcani (1703-1779): *Flamma ultrici; Turbido caelo;* Johann Adolf Hasse: *Gentes barbarae;* Nicola Porpora (1686-1768): *Placida surge; O pallida viola.* Vgl. OVER 1998, S.358 f..

106 OVER 1998, S. 305, 354, 358f.

107 Ebda., S. 316, 355, 358f., 370.

I in der Amalien-Bibliothek der Staatsbibliothek zu Berlin[108], dass diese drei Komponistenzuschreibungen zustande kamen, weil „die Motette über einen längeren Zeitraum mehrfach verwendet und dabei möglicherweise vom jeweils fungierenden *maestro* überarbeitet wurde. Der eigentliche Komponist ist wohl Hasse und die Entstehung am Ende der 30er Jahre anzusetzen."[109] Der dritte Motetto *Quae columna luminosa* wurde wahrscheinlich von Hasse komponiert, da in der Pariser Quelle das Titelblatt und eine Paraphe von seiner Hand stammt.[110] Anzuzweifeln ist nach seiner Meinung die Autorschaft Galuppis bei den Motetti *Ab unda algente; Dum refulget; Ecce volantem; Non torrentes, Quaerenti per fontes* und *Sub caelo sereno*. Auch die heute nicht mehr erhaltenen Motetti *Cor imbelle; Eja abite; In procella; Inter Syrtes; Linque rupes; Tecum irata; Turbo procella* zählt Over zu den zweifelhaften bezüglich Galuppis Autorschaft.[111]

2.2.2. Überlieferungsmerkmale und Aufführungspraxis – weitere Besonderheiten der Dresdener Quellen

Für eine mögliche Aufführung in Dresden waren wahrscheinlich jene Kirchenmusikwerke Galuppis gedacht, von denen sowohl Partituren als auch Stimmenmaterial vorhanden waren. Viele Psalmvertonungen wie *Dixit Dominus, Confitebor* oder *Laudate pueri* kamen dagegen auf Grund ihrer Länge für eine Aufführung zur Vesper am Nachmittag nicht in Betracht und sind deshalb nur in Form von Partituren überliefert.

Ein Werk, das in Dresden nachweislich aufgeführt wurde, ist das *Requiem* F-Dur (I/52a, b). In der SLUB Dresden werden von diesem *Requiem* zwei Partituren in abweichenden Fassungen (D-Dl, Mus. 2973-D-23,1 [1. Fassung I/52 a] und Mus. 2973-D-23,2 [2. Fassung I/52b]: diese Partitur stammt aus der Königlichen Privat-Musikaliensammlung) sowie ein vollständiger Stimmensatz der 2. Fassung (D-Dl, Mus. 2973-D-23a) und zwei Solostimmen des Satzes *Inter oves locum* (Sopran und Alt, D-Dl, Mus. 2973-D-23b) aufbewahrt. Von der Partitur D-Dl, Mus. 2973-D-23,1 - eine Baldan-Abschrift - befinden sich das Titelblatt und die erste Partiturseite in der Österreichischen Nationalbibliothek Wien, da diese Abschrift damals vermeintlich als Autograph Galuppis angesehen wurde und die beiden Seiten als Sammlerstücke nach Wien gelangten.[112] Die beiden fehlenden Blätter der Dresdner Quelle wurden von einem Schreiber ergänzt. Die gleiche Praxis wurde auch bei der

---

108 Helmut Hell, *Die betrogene Prinzessin. Zum Schreiber „L. Vinci I" in der Amalien-Bibliothek der Staatsbibliothek zu Berlin*, in: *Scrinium Berolinense: Tilo Brandis zum 65. Geburtstag*, hrsg. von Peter Jörg Becker, Wiesbaden 2000, S. 631-648.
109 Ebda., S. 641.
110 Over 1998, S. 355, 358 f., 371.
111 Over 1998, S. 359.
112 Für ein Autograph hält das Manuskript auch Wolfram Hader, *Requiem-Vertonungen in der Dresdner Hofkirchenmusik von 1720 bis 1764*, Tutzing 2001, S. 28f. Auf dieser falschen Annahme basiert auch seine weiterführende Argumentation.

autographen Partitur von Zelenkas *Missa Dei Patris* ZWV 19 (D-Dl, Mus. 2358-D-11) angewendet: hier befinden sich ebenfalls die Titel- und erste Partiturseite in der Österreichischen Nationalbibliothek Wien (A-Wn 18363). Die im Dresdner Manuskript fehlenden Seiten wurden wieder von dem gleichen Schreiber ergänzt, der auch die zwei fehlenden Seiten in der Dresdner Zelenka-Quelle ersetzte sowie die eben beschriebenen Ergänzungen im Fall der Dresdner und Wiener Galuppi-Quelle vornahm. Nach dem entsprechenden Eintrag zu Zelenkas *Missa dei Patris* ZWV 19[113] wurde das Partiturautograph zusammen mit dem der *Missa Omnium Sanctorum* ZWV 21 am 19. Juni 1826 einem Dresdner Schreiber „zur Copiatur übergeben"; der danach erfolgte Austausch des Autographs gegen die Kopie und die Versendung nach Wien wurde eventuell durch den Sänger und Sammler Franz Hauser (1794-1870)[114] vermittelt. Zu etwa derselben Zeit scheint der gleiche Vorgang auch im Fall des Galuppi-*Requiem* stattgefunden zu haben.

Die bearbeitete Fassung des *Requiem* F-Dur (D-Dl, Mus. 2973-D-23,2) gehörte noch bis in die Mitte des 19. Jahrhunderts zum Repertoire der Dresdner Hofkirche. Für die Bearbeitung wurden Sätze ausgelassen, Änderungen in den Violinstimmen vorgenommen sowie mehrere Passagen gestrichen. Das *Sanctus* wurde wahrscheinlich neu komponiert und für das *Agnus Dei* wurden die vorher ausgelassenen Sätze *Liber scriptus* und *Judex ergo* mit entsprechend neuer Textunterlegung verwendet. Nachweisen lassen sich Aufführungen dieser Bearbeitung durch das *Annuarium Ecclesiae aulicae et parochialis Dresdensis Ss. Trinitatis ab anno 1819 usque ab annum 1844.* Dort findet sich der Eintrag: *3. November 1842: Requiem Musica a Chaluppi.* [115] Eine ähnliche Aussage trifft 1837 auch Gustav Friedrich Klemm in seiner *Chronik der Stadt Dresden.*[116] Dort wird erwähnt, dass das *Requiem* von Galuppi jährlich am 3. November zum Gedenken an die verstorbenen Mitglieder des Hauses Wettin aufgeführt wurde. Darüber hinaus finden sich in den Vokalstimmen der Abschrift Mus. 2973-D-23a Bleistifteintragungen in den Sopran- und Altstimmen mit folgenden Daten: 1833, 1834, 1836, 1848, 1854, 4.11.1858, 3.11. 1863, 4. 11. 1864. Diese Datenreihe endet mit dem Jahr 1864. Möglicherweise endete im gleichen Jahr auch die Dresdener Aufführungtradition, weil sich einerseits keine weiteren Erwähnungen des Galuppi-*Requiems* in Dresden finden (bis auf eine ältere Kopistenabrechnung aus dem Jahre 1790/91)[117] und andererseits wurde am 8. Oktober 1863 ein

---

113 Zelenka-Dokumentation, Bd. I, S. 155, Bd. II, S. 288.

114 Hauser sang 1825-26 an der Dresdner Oper unter Carl Maria von Weber und ließ sich 1838 als Gesangslehrer in Wien nieder. Er war ein bedeutender Kunst- und Musiksammler mit dem Schwerpunkt J. S. Bach. Vgl. dazu *The New Grove*, Second Edition 2001, Bd. 11, S. 146. Vgl. auch Dale A. Jorgensen, *The life and legacy of Franz Xaver Hauser: a forgotten leader in the nineteenth-century Bach Movement*, Carbondale 1996.

115 Diözesanarchiv des Bistums Dresden-Meißen in Bautzen.

116 Gustav Friedrich Klemm, *Chronik der Stadt Dresden und ihrer Bürger, mit sehr vielen interessanten Kupfern nach seltenen Originalen*, hrsg. von Paul Gottlob Hilscher, Dresden 1837.

117 Richard Engländer, *Johann Gottlieb Naumann als Opernkomponist (1741-1801). Mit neuen Beiträgen zur Musikgeschichte Dresdens und Stockholms*, Leipzig 1922, S. 105, Fußnote 2. Er rekon-

Reskript über die Einschränkung des Kirchendienstes der Hofkapellmitglieder erlassen, was Einschnitte im Kirchendienst zur Folge hatte.[118]

Eine eigene Problematik bilden die fünfsätzigen Messen. In Italien bzw. Venedig waren zu Galuppis Zeiten nur dreisätzige Messen üblich, nördlich der Alpen wurde dagegen grundsätzlich das gesamte Ordinarium missae vertont. Entsprechend dieser regionalen Gepflogenheit sind von Galuppi bis auf wenige Ausnahmen ausschließlich die ersten drei Messensätze überliefert. In Dresden dagegen werden heute neben den fünf dreisätzigen Messen und einem einzelnen *Credo* (Mus. 2973-D-16; dasselbe *Credo* wie in der Messe Mus. 2973-D-19) auch zwei fünfsätzige Messen (Mus. 2973-D-18; unsichere Werkzuschreibung Mus. 2973-D-9) und eine einzelne Abschrift mit den Sätzen *Sanctus* und *Agnus Dei* (Mus. 2973-D-14) aus der Messe Mus. 2973-D-9 (unsichere Werkzuschreibung) aufbewahrt. Bis auf die beiden letztgenannten Sätze stammen alle aufgeführten Partituren aus der *copisteria* Baldan. Die fünfsätzigen Messen waren anscheinend ursprünglich dreisätzig und wurden später, um der Dresdener Praxis zu entsprechen, um zwei weitere Sätze ergänzt, die aus der Feder eines anderen Schreibers stammen.

Ähnlich zeigt sich der Fall bei der Baldan-Kopie des *Requiem* E-Dur (I/50) (Mus. 2973-D-21). Hier wurde das *Offertorium* von dem gleichen Schreiber, der auch für die Erweiterung der Messen verantwortlich war, später hinzugefügt. Über dem *Offertorium* findet sich folgende Notiz: *„Aggiunta della Messa da Morto. ò Requiem Originale"*. Das gleiche *Offertorium*, lediglich durch ein siebentaktiges Violinvorspiel ergänzt, wurde zusammen mit dem *Hostias et preces* von dem Dresdner Hofkopisten Matthäus Schlettner in die Partitur des *Requiem* F-Dur (2. Fassung I/52b, D-Dl, Mus. 2973-D-23,2) übertragen.

3. DIE ÜBRIGE ÜBERLIEFERUNG

Galuppis Kirchenmusikwerke in Abschriften des 18. bis 19. Jahrhunderts verteilen sich im deutschsprachigen Raum vor allem auf Bibliotheken in Dresden, Münster, Berlin, Wien und München.

Die in der Berliner Staatsbibliothek aufbewahrten Partiturabschriften des 19. Jahrhunderts stammen ursprünglich größtenteils aus den Privatsammlungen von Gustav Wilhelm Teschner, Otto von Voß, Carl von Winterfeld sowie Georg Poelchau und gingen später in den Besitz der Bibliothek über. Diese Sammlungen dienten damals, in einer Zeit der Rückbesinnung auf ältere Kirchenmusik, meist zu Stu-

---

struiert diese Aussage nach den halbjährlichen „Berechnungen" der Akten im Sächsischen Hauptstaatsarchiv Dresden, die über die Musikalienanschaffungen und Kopieraufträge des Dresdener Hofes informieren.

118 Hans von Brescius, *Die Königl. sächs. musikalische Kapelle von Reissiger bis Schuch (1826-1898). Festschrift zur Feier des 350jährigen Kapelljubiläums (22. September 1898)*, Dresden 1898, S. 79.

dienzwecken und trugen dazu bei, den heutigen Kenntnisstand über ältere Musikgeschichte zu begründen.

Gustav Wilhelm Teschner (1800-1883), der unter anderem Gesang und Komposition in Italien studiert hatte, fertigte 1851 und 1869 fünf Abschriften mit Kirchenmusikwerken von Galuppi an. Diese gelangten entweder 1879 zusammen mit den
250 Spartierungen Teschners von Werken deutscher und italienischer Komponisten des 16. und 17. Jahrhunderts oder erst 1885 mit 85 Bänden handschriftlicher
oder gedruckter Werke in die Staatsbibliothek Berlin.

Tabelle 8: Provenienz Gustav Wilhelm Teschner

WVZ-Nr.	Werk	Signatur	Datierung/Bestimmung	Bemerkungen
Anh. 11	Amen D-Dur aus Dixit Dominus D-Dur	Mus.ms. Teschner 48		Abschrift von Teschner 1851; Werkzuschreibung zweifelhaft
Anh.1	Kyrie, Gloria C-Dur	Mus.ms. Teschner 48		Abschrift von Teschner 1851; mit Gloria C-Dur zu einer Messe zusammengefügt; Werkzuschreibung zweifelhaft
I/1	Crucifixus f-Moll aus: Credo F-Dur	Mus.ms. 6956/4	1749 Ospedale dei Mendicanti	Abschrift von Teschner 1869
I/48	Victimae paschali laudes D-Dur	Mus.ms. Teschner 90 / 146	1780 San Marco	Abschrift von Teschner

Hinweise auf Aufführungen am Ende des 18. Jahrhunderts finden sich in zwei Par-
titurabschriften aus der Sammlung Voß. Die bedeutende Musikaliensammlung der
Familie von Voß wurde vor allem durch Otto Carl Friedrich von Voß (1755-1823)
und Otto Carl Philipp von Voß (1794-1836) zusammengetragen und von Carl von
Voß 1851 der Königlich-Preußischen Bibliothek geschenkt. Sie bestand aus 850
Partituren geistlicher Vokalmusik des 18. und 19. Jahrhunderts und ca. 1000 Bän-
den mit ca. 2000 handschriftlichen und gedruckten weltlichen und instrumentalen
Werken des 16. bis 18. Jahrhunderts.[119] Die Aufführungsvermerke sind in der Parti-
turabschrift des *Kyrie* und *Gloria* (I/1) (Mus. ms. 6952) sowie des *Credo* F-Dur (I/1)
(Mus. ms. 6956/1) enthalten und stammen aus der Hand Johann Adam Hillers:
„*Kyrie Pentecoste 1791; Domenica Septuagesimae 1794*" sowie „*Dominica Cantate 1790;
Dominica Sexagesimae 1794; Dominica quarta post Trinitatis 1798*". Alle diese Daten fal-
len in Hillers Amtszeit als Thomaskantor. Wahrscheinlich wurden diese Werke in
der Leipziger Thomaskirche aufgeführt. Die Abschriften entstanden laut der Datie-

---

119 Zur Sammlung Voß vgl. Bettina Faulstich, *Die Musikaliensammlung der Familie von Voß*, Kassel
1997.

rung auf dem jeweiligen Exlibris (11. Juni 1851) zusammen mit der Partiturkopie des *Magnificat* G-Dur (II/61) (Mus. ms. 30170), das sich ebenfalls in der Sammlung Voß befindet.

Ebenso wie Gustav Wilhelm Teschner fertigte auch Carl von Winterfeld (1784-1852) eigenhändig Kopien von Werken Galuppis an. So befinden sich heute in einem Sammelband (Mus.ms. Winterfeld 16) seine Partiturabschriften des *Salve Regina* g-Moll (II/71) sowie des *Gloria* F-Dur (I/29). Die Kopie des *Gloria* ist laut einer Notiz auf der Partitur 1813 in Rom entstanden, wo sich Winterfeld während seiner Italienreise 1812/13 aufhielt, auf der er vornehmlich Kirchenmusikwerke des 16. bis 18. Jahrhunderts gesammelt hatte. Ein Teil seiner Musiksammlung mit 110 teilweise eigenhändig angefertigten Partituren von Werken deutscher und italienischer Komponisten übergaben später 1885 Winterfelds Söhne der Berliner Staatsbibliothek. Der Rest wurde auf einer Auktion verkauft[120].

Nur zwei Werke von Galuppi befanden sich im Besitz von Georg Poelchau (1773-1836). Dabei handelt es sich um Partiturabschriften des *Kyrie* D-Dur (I/17) sowie die in vielen Abschriften vorliegende Ostersequenz *Victimae paschali laudes* D-Dur (I/48). Poelchaus Musikaliensammlung umfasste 4526 Bände und bestand aus den Bibliotheken Johann Nikolaus Forkels, Carl Philipp Emanuel Bachs (zum Teil mit Autographen von Johann Sebastian Bach), der Hamburger Oper, Autographen von Beethoven, Händel und Mozart sowie einer Reihe von Werken aus dem 16. und 17. Jahrhundert. Die Sammlung wurde nach Poelchaus Tod 1841 zum Teil von der Königlichen Bibliothek Berlin, zum anderen Teil von der Singakademie Berlin angekauft.[121]

Im Vergleich zu den Beständen der einzelnen deutschen Sammler des 19. Jahrhunderts ist der Bestand an Galuppi-Werken in der Santini-Sammlung relativ umfangreich. Die Sammlung wird heute in der Bischöflichen Diözesanbibliothek in Münster aufbewahrt und umfasst unter anderen elf Abschriften von Werken Galuppis. Alle sind in Partitur, teilweise in Sammelbänden eingebunden, überliefert. Sie gehörten zu der großen Musiksammlung des Abate Fortunato Santini (1778-1862), die Handschriften und Drucke von 1000 Werken von 700 Komponisten aus dem 16. bis 18. Jahrhundert umfasste. Santini hatte Kontakt zu weiteren Sammlern, mit denen er im Musikalienaustausch stand, so mit Aloys Fuchs und Raphael Georg Kiesewetter in Wien, Gustav Wilhelm Teschner und Carl von Winterfeld in Berlin, Anton Friedrich Justus Thibaut in Heidelberg. Die Santini-Sammlung – sie umfasst heute etwa 4500 Handschriften und 1100 Drucke - wurde 1856 vom Bistum Müns-

---

120 Otto E. Albrecht, The New Grove, Art. Collections, private, §2: Individual Collections, S. 557.

121 Otto E. Albrecht, The New Grove, Art. Collections, private, §2: Individual Collections, S. 553. Zur Sammlung Poelchau vgl. Klaus Engler, Georg Poelchau und seine Musikaliensammlung. Ein Beitrag zur Überlieferung Bachscher Musik in der ersten Hälfte des 19. Jahrhunderts, Tübingen 1984.

ter in Rom angekauft und 1862, nach Santinis Tod, in das Diözesanmuseum Münster überführt.[122]

Tabelle 9: Provenienz Fortunato Santini

WVZ-Nr.	Werk	Signatur D-Müs, ...	Datierung/ Bestimmung	Bemerkungen
I/21	Kyrie g-Moll	SANT. Hs. 1574	1746, Mendi-canti ?	Kopie von 1812 ?
I/29	Gloria F-Dur	SANT. Hs. 1573	1777, San Marco	
I/48	Victimae paschali laudes D-Dur	SANT. Hs. 1578	1780, San Marco	
I/40	Credo papale G-Dur	SANT. Hs. 1572	1782, San Marco	
I/7	Gloria F-Dur	SANT. Hs. 3615		
II/71	Salve Regina g-Moll	SANT. Hs. 3514		
II/70	Salve Regina G-Dur	SANT. Hs. 1577		
II/74	Salve Regina A-Dur	SANT Hs. 1576 B		
III/5	Motetto „Rapida cerva fuge" F-Dur	SANT. Hs. 1575 B		Santini kaufte diese Abschrift von Gaetano Rosati
Anh. 28	Amen G-Dur	SANT. Hs. 3615		zweifelhafte Werkzu-schreibung
Anh. 6	Kyrie-Gloria D-Dur	SANT Hs. 3603		zweifelhafte Werkzu-schreibung
Anh. 15	Laudate Deum g-Moll	SANT. Hs. 3615		wahrscheinlich Fehlzuschreibung

Die Österreichische Nationalbibliothek Wien besitzt 13 Abschriften von Galuppi-Werken, von denen fünf zur Sammlung des österreichischen Musikforschers Raphael Georg Kiesewetter (1773-1850) gehörten. Das bereits im Abschnitt zu der Autographen-Überlieferung erwähnte *Gloria* G-Dur (I/3) aus dieser Sammlung wurde bei den Kiesewetterschen Historischen Hauskonzerten zweimal, am 9. November 1823 und 21. November 1824, aufgeführt[123]. Diese Hauskonzerte fanden ab 1816 regelmäßig statt und widmeten sich der Musik des 16. bis 18. Jahrhunderts. Auf diesen Zeitabschnitt konzentrierte sich auch der Partiturbestand seiner bedeutenden Musikaliensammlung.

---

122 Sergio Lattes, Art. *Fortunato Santini*, in: The New Grove 2001, Bd. 22, S. 258.
123 Herfried Kier, Raphael Georg Kiesewetter (1773-1850). Wegbereiter des musikalischen Historismus, Regensburg 1968, S. 180.

Tabelle 10: Provenienz Raffael Georg Kiesewetter

WVZ-Nr.	Werk	Signatur	Datierung/ Bestimmung	Bemerkungen
I/3	Gloria G-Dur	Fond Kiesewetter SA.67.D.46		
Anh. 3	Credo G-Dur	Fond Kiesewetter SA. 67. D. 47		
III/8	Motetto „Sum offensa"	Fond Kiesewetter SA.67.D.48	1747 Ospedale dei Mendicanti	
Anh. 7	Messe G-Dur (Kyrie, Gloria)	Fond Kiesewetter SA 67.D.44		unsichere Werkzuschrei-bung
Anh. 1	Messe C-Dur (Kyrie, Gloria, Credo, Sanctus, Agnus Dei)	Fond Kiesewetter SA.67.D.45		unsichere Werkzuschrei-bung

Das *Dixit Dominus* B-Dur (II/18) in der Österreichischen Nationalbibliothek Wien stammt ehemals aus der Sammlung des Dichters Stefan Zweig (1881-1942), der das Manuskript am 28.10. 1929 der Bibliothek schenkte.[124] Vorbesitzer waren Domenico Dragonetti und danach Vincent Novello, was aus der Notiz auf dem Titelblatt hervorgeht: *„Vincent Novello | the gift of my beloved friend | Dragonetti. | This very rare manuscript [...] is the Composition of | Galuppi, generally known as „Il Buranello", who | having been born at Burano. | He was, I believe, an intimate acqua[...]tance of my Dear Drago, at an early period of his musical carear."*
Unter dem Teil der Manuskripte in der ÖNB Wien, deren Herkunft nicht ermittelt werden konnte, befinden sich das Titelblatt sowie die erste Partiturseite des *Requiem* F-Dur (I/52a) (A-Wn, 18364).[125]

In der Bayerischen Staatsbibliothek München befinden sich fünf Manuskripte mit Kirchenmusikwerken, die Galuppi zwar zugeschrieben werden, aber höchstwahrscheinlich nicht von ihm stammen. Das Manuskript der *Messe D-Dur* (Anh. 5) (Mus. Ms.6597) soll laut einer Notiz auf dem Titelblatt 1764 für ein polnisches Kloster kopiert worden sein:[126]*„[...] Anno 1764 | Ex Rebus | J: Steszavski | mpp. Chori Monasterii O(brensis). Nro 3tio [...]."* Die Abschrift der *Litaniae Lauretanae* D-Dur (Anh. 17) und einem angehängten *Tantum ergo* D-Dur (Mus. Ms. 280.8.) stammt aus

---

124 Otto E. Albrecht, The New Grove, Art. Collections, private, §2: Individual Collections, S. 557. Vgl. dazu auch: Stefan Zweig, Sinn und Schönheit der Autographen, Philobiblon, VIII (1935).

125 Vgl. dazu das Kapitel II. 2.2.2. Überlieferungsmerkmale und Aufführungspraxis – weitere Besonderheiten der Dresdener Quellen.

126 Denis Arnold, *Galuppi's Religious Music*, in: *The Musical Times*, 126 (1985), S. 47.

der Sammlung von Michael Hauber (1778-1843) und wurde ca. 1780 angefertigt (eine weitere Kopie dieses Werkes stammt aus der ehemaligen Klosterkirche Weyarn (Signatur: WEY 169). Die Partiturabschrift verkaufte der Stiftprobst Hauber zusammen mit einem kleinen Teil seiner über 11000 Kompositionen, Autographen, Abschriften des 15. bis 19. Jahrhunderts und Theoretika umfassenden Sammlung an die königliche Hof- und Staatsbibliothek München. Andere Teile kamen in die Wiener Hofbibliothek, die Proske-Bibliothek in Regensburg, in die Allerheiligen-Hofkirche und nach St. Kajetan in München.[127] Das Galuppi fehlzugeschriebene *Laudate Deum* d-Moll (Mus.ms.798) stammte ursprünglich aus der Sammlung des Rechtsprofessors Anton Friedrich Justus Thibaut (1772-1840), welche 1840 in Heidelberg versteigert und größtenteils von der Münchner Staatsbibliothek aufgekauft wurde.[128] Das vor 1750 entstandene Manuskript des *Laudate Pueri* D-Dur (Mus. Ms. 1967) (Anh. 17) gehörte dagegen ehemals zum Bestand der Königlichen Hofkapelle.[129]

Eine von der *copisteria* Baldan gefertigte Partiturkopie des *Miserere* c-Moll (II/45) (GB-Lbm, Add 14402), die dem ehemaligen Besitz von Vincent Novello zuzuordnen ist, wird heute in der British Library in London aufbewahrt. Auf dem Titelblatt ist die Schenkung an die Bibliothek notiert: „*Vincent Novello 9 Craven Hill Bayswater Presented 4 the Musical Library of the British Museum Sept. 12. 1843*".
Zur Sammlung des Amerikaners Frank De Bellis gehörten die Abschriften des *Gloria* F-Dur (I/29) (US-SFsc, M 2.5 v.31) und das *Credo papale* G-Dur (I/40) (US-SFsc, M 2.5 v.31) – sie werden heute in der San Francisco State College Library aufbewahrt. Die Sammlung von Frank de Bellis, der 1968 starb, gehört seit 1963 zum Bestand der Bibliothek und umfasst 10000 frühe Drucke und ca. 1380 Manuskripte italienischer Komponisten sowie Briefe aus dem 18. und 19. Jahrhundert[130].

4. ZUORDNUNG DER WERKE ZU VERSCHIEDENEN INSTITUTIONEN

Nur wenige Partituren der Kirchenmusikwerke Galuppis enthalten Hinweise auf Institutionen, für die sie komponiert wurden. Für die Rekonstruktion der Zuordnung zu Galuppis Wirkungsorten San Marco[131], Ospedale dei Mendicanti[132] oder

---

127 Siegfried Gmeinwieser, *Die Musikhandschriften in der Theatinerkirche St. Kajetan in München. Thematischer Katalog*, München 1979, Einleitung S. X-XII.
128 Otto E. Albrecht, The New Grove, Art. Collections, private, §2: Individual Collections, S. 556. Zur Sammlung siehe auch: Verzeichniss der von dem verstorbenen Grossh. Badischen Prof. der Rechte und Geheimenrathe Dr. Anton Friedrich Justus Thibaut zu Heidelberg hinterlassenen Musikaliensammlung, Heidelberg 1841.
129 Gertraut Haberkamp/Robert Münster: *Die ehemaligen Musikhandschriftensammlungen der Königlichen Hofkapelle und der Kurfürstin Maria Anna in München*, München 1982.
130 Zur Sammlung De Bellis vgl. auch Orchestra Scores and Parts in the Frank V. de Bellis Collection of the California State College, San Francisco 1964, 1975.
131 *Vicemaestro* ab 1748 und *maestro di cappella* von 1762 bis zu seinem Tod 1785.

Ospedale degl'Incurabili[133], muss das Zusammenspiel dreier Faktoren beachtet werden: Als Basis für die Zuordnung dienen Jahresangaben auf den autographen Titelblättern. Da aber Galuppi oft zeitgleich an mehreren Institutionen angestellt war, kann daraus noch nicht sicher auf den Bestimmungssort geschlossen werden. Als weitere Hilfe dienen gelegentliche namentliche Erwähnungen der beteiligten Gesangssolistinnen, deren Wirkungszeiten an den Ospedali oftmals bekannt sind. Wichtig sind außerdem auch die spezifischen Besetzungen der Werke. Der Vokalchor des Ospedale degl'Incurabili, aus dem bei Bedarf Solistinnen gewonnen wurden, war mit zwei separaten Sopran- und zwei Altpartien besetzt, von denen die letzteren teilweise recht tiefe Lagen erreichten. Während der Amtszeit Giovanni Francesco Brusas, der Galuppi von 1765-1768 als *maestro di coro* vertrat, umfasste der *coro* des Ospedale 63 *figlie*, d.h. Sängerinnen und Instrumentalistinnen.[134]

Im Ospedale dei Mendicanti war der *coro* aus allen vier Stimmgruppen (Sopran, Alt, Tenor und Bass) zusammengesetzt und bestand 1749 aus 60 Sängerinnen und Instrumentalistinnen, 1761 bereits aus 70 Mitgliedern.[135] Über die Besetzung der Tenor- und Bassstimmen gab es in der Literatur bisher viele Spekulationen, zumal Männer als Sänger für das Ospedale nicht in Frage kamen. Walter Kolneder vertrat beispielsweise die These, dass die Tenorpartien von tiefen Altstimmen gesungen worden sein müssen und die Basspartien von den Lehrern des Ospedale, ergänzt durch auswärtige männliche Chorsänger, übernommen wurden.[136] Denis Arnold meinte, dass die Sänger von außerhalb aus anderen Kirchenchören zu Aufführungen ins Ospedale geholt worden sein müssen.[137] Michael Talbot dagegen vermutet, dass die Tenor- und Basspartien auch von Frauenstimmen übernommen wurden.[138] Diese Behauptung wird auch durch zeitgenössische Berichte gestützt, die ausschließlich weibliche Chormitglieder erwähnen. So schreibt Charles Burney:

> „[...] Da die Chöre blos mit weiblichen Stimmen besetzt sind: so sind sie niemals stärker, als dreystimmig, oft nur zweystimmig; gleichwohl, wenn sie mit Instrumenten verstärkt werden, haben sie eine solche Wirkung, daß man den Mangel der Vollstimmigkeit nicht merkt, und die Melodie ist soviel deutlicher und hervorragender, je weniger sie durch Harmonie bedeckt ist. In diesen Hospitälern findet man oft Mädchen, die im tiefen Alt bis A und G herunter singen, wodurch sie im Stande sind, beständig unter

---

132 *Maestro di coro* von 1740-1751.

133 *Maestro di coro* von 1762-1765 und 1768-1776.

134 GEYER 2005, Bd. 1, S. 56. Der Begriff *coro* meint immer sowohl das Vokal- als auch Instrumentalensemble.

135 Ebda S. 164.

136 Walter Kolneder, *Antonio Vivaldi. Leben und Werk*, Wiesbaden 1965, S. 243. Vgl. Michael Talbot, *Te sacred vocal music of Antonio Vivaldi*, Florenz 1995, S. 106.

137 Denis Arnold, *Vivaldi`s Church Music: An Introduction*, in: *Early Music*, 1 (1973), S. 66-74. Vgl. TALBOT 1995, S. 106

138 Michael Talbot, *Tenors and Basses at the Venetian Ospedali*, in: *Acta musicologica*, 66 (1994), S. 123-138.

dem soprano und mezzosoprano zu bleiben, wozu sie den Bass singen; und dieß scheint in Italien schon eine alte Gewohnheit zu seyn[...]"[139]

Johann Christoph Maier bemerkt in seiner „Beschreibung von Venedig" (1787/89) zu den Stimmumfängen der *figlie di coro:*

> „Indessen bringen sie es in dem Mechanischen der Kunst desto höher, und bei ihren Kadenzen weiß ich nicht, was mehr in Erstaunen sezt: der Umfang ihrer Stimme oder die Mannichfaltigkeit von Läufen, oder die schnelle Fertigkeit. Es ist nichts seltenes, dass man unter ihnen Mädchen findet, die vom ungestrichenen A biß ins dreigestrichene E hinauf singen, und es ziemlich lange in einem natürlichen Tone aushalten [...]."[140]

Die Tatsache, dass in den Rechnungsbüchern der Ospedali keinerlei Zahlungsvermerke an männliche Sänger zu finden sind, bekräftigt diese Annahme. Talbot meint weiter, dass neben den Tenor- auch die Basspartien in der notierten Lage von Frauen gesungen wurden und nur in Ausnahmefällen transponiert wurden.[141] Dies erklärt er mit der damaligen Stimmung in Venedig, die zu der höchsten in Europa gehörte: Die tiefste Lage der Bassstimmen, die nicht tiefer als G reichte, war wohl eher mit der Baritonlage vergleichbar.[142] Die Basspartien waren so konzipiert, dass sie für jegliche Aufführungsform geeignet waren. Dies hing jedoch von der wechselnden Verfügbarkeit und Fähigkeit der jeweiligen Basssängerin ab.[143] Es existieren Berichte über Frauen, deren stimmliche Basslage explizit erwähnt wird. So werden in den Besetzungslisten für das Orchester des Ospedale della Pietà eine „Paulina da Tenor" oder „Anneta dal Basso" erwähnt. In der Zeitung *Pallade veneta* wird für den Juli 1687 die Baritonstimme einer Maria Anna Ziani, Sängerin am Ospedale die Mendicanti, erwähnt.[144] Am 4. Dezember 1707 wurden in einer Liste der Neuzugänge zum Chor neben zwei Sopranistinnen und vier Altistinnen auch drei Tenoristinnen und eine Bassistin aufgeführt. Und in einem anonymen Gedicht auf die *figlie*

---

139 Charles Burney, *Tagebuch einer musikalischen Reise,* (deutsche Übersetzung von C.D.Ebeling), Hamburg 1772, S. 103f.

140 Johann Christoph Maier, *Beschreibung von Venedig,* Frankfurt/Leipzig 1787 und 1789, Bd. I, II, S. 403 ff.

141 In einer älteren Arbeit vertrat Talbot noch die These, dass die Bassistinnen ihre Partie wahrscheinlich nach oben oktavierten „ – wie Violinen und Bratschen, wenn ihre Noten im Bassschlüssel stehen. Das Klangresultat war sicher nicht störend, denn die Instrumentalbässe spielten dazu wie ein Acht-oder Sechzehnfußregister (und unbegleitete Chorsätze findet man in Vivaldis Kirchenmusik kaum). Tenoristinnen und Bassistinnen waren auch damals ungewöhnlich; dass Männer Sopran und Alt sangen, war in Venedig der Vivaldi-Zeit dagegen etwas Alltägliches." vgl. Michael Talbot, *Antonio Vivaldi,* Stuttgart 1985, S. 38f..

142 TALBOT 1995, S. 106-109.

143 Michael Talbot, *Tenors and Basses at the Venetian Ospedali,* in: *Acta musicologica,* 66 (1994), S. 138.

144 Ebda, S. 131.

di coro wird eine gewisse Ambrosiana als „un tenor che contralteggia" bezeichnet.[145] Über den Tod der Mendicantisängerin Anna Cremona berichtete der venezianische Chronist Pietro Gradenigo in seinem Tagebuch vom 3. September 1758 und bezeichnete sie dort ausdrücklich als Bassistin.[146] Das Orchester des Ospedale dei Mendicanti wurde ab 1750 durch die von Galuppi veranlasste Anstellung von Hornistinnen erweitert.[147] Deshalb sind in einigen früher entstandenen Werken Galuppis die Hornstimmen erst nachträglich ergänzt worden.

Der Chor und das Orchester von San Marco wurden zwischen Oktober 1765 und April 1766 einer grundlegenden Reform unterzogen, die nach Caffi und der übrigen älteren Literatur[148] vorrangig auf Galuppis Initiative zurückgeht. Neuere Untersuchungen zeigen jedoch, dass er doch nicht in diesem Maße, wie vorher angenommen, an der Kapellreform beteiligt war. Diese ging wohl viel mehr von dem Procurator Francesco Morosini aus und wurde vom Vizekapellmeister Gaetano Latilla ausgeführt, unterstützt von den Organisten Ferdinando Bertoni und Giovanni Battista Pescetti.[149] Nach den Prokuratorenbeschlüssen vom 8. Oktober 1765[150] und 13. Dezember 1765[151] sollte der Chor von 36 auf 24 Sänger verringert werden. Nach dem Be-

145   Michael Talbot, *Antonio Vivaldi*, Stuttgart 1985, S. 38f.

146   I-Vmc, Ms. Gradenigo 67, Notatori Gradenigo, IV, f. 133r., zit in: Michael Talbot, *Tenors and Basses at the Venetian Ospedali*, in: *Acta musicologica*, 66 (1994), S. 131.

147   Am 24. August 1750 beantragte Galuppi die Aufnahme von zwei Waldhornistinnen ins Ospedale dei Mendicanti: „Il maestro Galuppi presenta all'attenzione della Congregazione due giovani sorelle Maria Elisabetta e Maria Girolama, di anni 14 e 12 suonatrici di tromba da caccia. Il loro padre Lorenzo Rossoni e un loro cugino Giuseppe Pisoni de migliori professori in tal genere continueranno ad istruire ogni giorno e gratuitamente le due figliole finché saranno in grado di suonare a prima vista una qualsiasi composizione musicale. La Congrgazione è invitata ad ascoltare le due sonatrici e decidere in merito alla loro accenttazione nel Coro, per il rissalto ch'apporta alle musiche ... per la novità che rece la tromba di presente. Saranno accettate nel Coro purché studino anche gli strumenti ordinari. Ballottata con i 5/6, la votazione pende (11 de sì, 2 de nò, 1 n.s.). Trattandosi di circostanze particolari, abbia da considerarsi presa con li due terzi. (10 de sì, 4 de nò). Preso che siano accettate le due Figlie." Zit. in: Giuseppe Ellero (Hrsg.), *Arte e Musica all'Ospedaletto. Schede d'archivio sull'attività musicale degli Ospedali dei Derelitti e dei Mendicanti di Venezia (sec. XVI-XVIII)*, Venedig 1978, S. 189.

148   Vgl. WIESEND 1984, S. 324.

149   Nähere Erläuterungen hierzu liefert Pier Giuseppe Gillio, *Cantanti d'opera alla Cappella Marciana (1720-1800)*, in: *La Cappella Musicale di San Marco nell'età moderna*, Venedig 1998, S. 119-153, S. 122. Er stützt sich auf die Hauptaussagen der Prokuratorenbeschlüsse von 1765-1766 und Briefe an Padre Martini. Der Autor weist in einer Fußnote auch darauf hin, dass die tragende Rolle von Francesco Morosini bei der Kapellreform bereits von Thomas Bauman, *Musicians in the marketplace: the Venetian guild of instrumentalists in the later 18th century*, in: *Early Music*, XIX/3 (1991), S. 353, erläutert wurde.

150   I-Vas, *Procuratoria de Supra*, Registri 156, fol. 84v-85v.

151   I-Vas, *Procuratoria de Supra*, Registri 156, fol. 85v-86v.

schluss vom 8. Oktober 1766[152] wurden 10 Sänger pensioniert und 21 in ihrer Funktion bestätigt, so dass danach der Chor aus 2 Sopranen, 4 Altisten, 9 Tenören und 6 Bassisten bestand.[153] Die Tenöre und Bässe kamen meist aus dem geistlichen Bereich; die Soprane und Altisten hingegen waren vorwiegend Sänger aus der Oper.[154] Das Orchester verfügte nach der Neuordnung über 12 Violinen, 6 Violen, 4 Violoncelli, 5 Violoni, 4 Oboen und Flöten, 4 Hörner und Trompeten.

Für mehrchörige Kompositionen boten die Gliederung des Innenraumes von San Marco, insbesondere die Galerie-Emporen und die Sängertribünen die Möglichkeit, Orgeln, Vokal- und Instrumentalchöre sowie Solisten räumlich zu verteilen. Es gab eine 1. und 2. Orgel auf den beiden gegenüberliegenden Galerie-Emporen des Chores, sowie zwei Orgeln auf den beiden sogenannten *palchetti*. Dies waren Holzkonstruktionen, die heute allerdings nicht mehr erhalten sind. Sie befanden sich oberhalb der Sängertribünen, die im 16. Jahrhundert nach Plänen Jacopo Sansovinos errichtet wurden: Auf den *palchetti* befand sich jeweils eine Orgel und Platz für ein Cello und einen Violone. Auf jedem *palchetto* konnten nicht mehr als ein bis zwei Sänger neben den vier oder fünf Musikern gestanden haben, da für mehr Interpreten in dem niedrigen Zwischenraum unter der Gewölbedecke kein weiterer Platz war. Das übrige Orchester mit Gesangssolisten und Chor verteilte sich auf die beiden Kanzeln der Orgelgalerien.[155]

Neben San Marco verfügten auch die beiden Ospedali verfügten über jeweils zwei gegenüberliegende Choremporen, so dass auch hier die Aufführung doppelchöriger Werke möglich war.

Weitere Rückschlüsse auf die Institutionen, für die Galuppis Kirchenmusikwerke entstanden, lassen sich eventuell auch aus den Werkumfängen ziehen. Im Falle der Psalmvertonungen wurden für San Marco recht kurze, teilweise einsätzige Werke komponiert, da hier vollständige Vespern fünf Psalmen umfassten, die deshalb jeweils nicht sehr lang sein durften. Im Gegensatz zu San Marco wurden an den Ospedali oft keine vollständigen Vespern aufgeführt, so dass die Psalmkompositionen teilweise eine beträchtliche Länge erreichen konnten.

Auch der Text der Psalmvertonungen kann als Hilfe zur institutionellen Einordnung der Werke herangezogen werden. Folgt man der These von John Bettley in

152 I-Vas, *Procuratoria de Supra*, Registri 156, fol. 94v-97v.
153 Gillio, S. 122f. Für ausführlichere Aussagen zu den Sängern an San Marco vgl. den Aufsatz Pier Giuseppe Gillios.
154 Gillio, S. 119. Johann Jakob Volkmann erwähnt dies auch in seinen *Historisch-kritischen Nachrichten von Italien etc.*: „In der Marcuskirche singen die Sänger aus der großen Oper...“, Bd. 3, Leipzig 1778, S. 635.
155 Hans Dörge, *Musik in Venedig*, Wilhelmshaven 1990, S. 90-97. Vgl auch Franco Rossi, Einführungstext zu *Galuppi. Messa per San Marco, 1766*, Chandos Records 2003.

seinem Aufsatz *Psalm-Texts and the Polyphonic Vespers Repertory*[156], so basiert der Text der Psalmvertonungen, die für San Marco bestimmt sind, auf dem San Marco Psalter (*Psalterium Davidicum, per hebdomadam dispositum ad usum Ecclesiae Ducalis Sancti Marci Venetiarum,* Venedig 1609). Dieser enthält in einigen Fällen Abweichungen gegenüber den sonst üblichen Vulgata-Texten. Bettley bezweifelt deshalb die Zuordnung der Psalmvertonungen *Domine probasti me* D-Dur (II/19) (1775), *Beatus vir* C-Dur (II/1) (1777), *Lauda anima mea* G-Dur (II/25) (1779), *Laudate Dominum quoniam bonus* a-Moll (II/30) (1780) zu San Marco, da Galuppi hier die Vulgata-Texte verwendet hat und nicht die des San Marco-Psalters. Daraus schließt er, dass diese Kompositionen für eine andere Institution entstanden sein müssen. Er beruft sich bei dieser Aussage auf das *Credidi* (II/11) und *In convertendo* (II/22) (beide 1771), deren Textgrundlage der San Marco-Psalter ist und die beide für San Marco komponiert worden sind. Bettleys These widerspricht jedoch die Tatsache, dass auf einigen anderen autographen Titelblättern ausdrücklich vermerkt ist, dass das Werk für San Marco bestimmt ist, die Texte dort jedoch der Vulgata entnommen sind. In diesen Fällen kommt laut vorhandener Datierungen auch keine andere Institution als San Marco in Frage.

Die Methode der Werkzuordnung zu bestimmten Institutionen mit Hilfe der beschriebenen Mittel gerät jedoch in einigen Fällen auch an ihre Grenzen, wie beispielsweise bei sehr früh entstandenen Werken aus den 1730er Jahren wie dem *Confitebor* G-Dur (II/5) von 1733 oder dem *Laudate pueri* B-Dur (II/40) von 1739. Für diese Zeit ist keine kirchenmusikalische Anstellung Galuppis bekannt, in deren Rahmen diese Kompositionen entstanden sein könnten. Letzlich bleiben für einige Werke die institutionellen Zuweisungen hypothetisch oder sind überhaupt nicht möglich, da keine der genannten Vorgehensweisen das Informationsdefizit auszugleichen vermag.

Tabelle 11: Werke für das Ospedale dei Mendicanti (1740-1751)[157]

WVZ-Nr.	Werk	Datierung
II/35	Laudate pueri G-Dur	1740/1741
II/2	Confitebor C-Dur	1741
II/51	Qui habitat in adjutorio	1744
I/13	Kyrie C-Dur	1745
I/21	Kyrie g-Moll	1746
II/69	Salve Regina G-Dur	1746
III/8	Sum offensa	1747
III/1	A rupe al pestri ad vallem	1747
III/7	Sum nimis irata	1748
II/29	Laudate Dominum G-Dur	1749

---

156 John Bettley, *Psalm-Texts and the polyphonic Vespers Repertori of St. Mark's,* in: *La Cappella Musicale di San Marco nell'età moderna,* Venedig 1998, S. 112.

157 In diese und die folgenden Tabellen wurden nur Werke aufgenommen, deren Zuschreibung an Galuppi sicher ist.

I/1	Messe B-Dur	1749
II/6	Confitebor G-Dur	1750
II/14	Dixit Dominus D-Dur	1750 ?
IV/25	Passio secundum Joannem	1750
II/36	Laudate pueri G-Dur	1751
II/61	Magnificat G-Dur	1751
II/18	Dixit Dominus B-Dur	1751
II/21	Ecce nunc benedicite G-Dur	1751
II/37	Laudate pueri G-Dur	1760
II/46	Miserere Es-Dur	vor 1764
II/50	Nisi Dominus G-Dur	?
II/48	Nisi Dominus c-Moll	vor 1764

Tabelle 12: Werke für das Ospedale degl'Incurabili (1762-1765, 1768-1776)

WVZ-Nr.	Werk	Datierung
II/10	Confitebor B-Dur	1754
II/9	Confitebor A-Dur	1762
II/38	Laudate pueri G-Dur	1763
II/65	Ave Regina F-Dur	1764
II/41	Laudate pueri B-Dur	1769
II/3	Confitebor c-Moll	1770
II/7	Confitebor G-Dur	1771
II/62	Nunc dimittis E-Dur	1772
II/20	Ecce nunc benedicite Es-Dur	1772
II/23	In convertendo Dominum G-Dur	1772
II/67	Ave Regina A-Dur	1774
II/73	Salve Regina A-Dur	1774
II/44	Qui habitare	1774
II/15	Dixit Dominus D-Dur	1774
II/42	Laudate pueri B-Dur	1774
II/39	Laudate pueri G-Dur	1774
II/72	Salve Regina A-Dur	1775
II/31	Laudate pueri C-Dur	1775
II/4	Confitebor D-Dur	1775
II/64	Alma Redemptoris B-Dur	1775
II/47	Miserere Es-Dur	1776
II/45	Miserere c-Moll	?

Tabelle 13: Werke für San Marco (1748-1785)

WVZ-Nr.	Werk	Datierung
II/56	Domine ad adjuvandum B-Dur	1756
I/32	Gloria A-Dur	1761

II/52	Domine ad adjuvandum C-Dur	1762
II/53	Domine ad adjuvandum D-Dur	1763
II/12	Dixit Dominus C-Dur	1763
I/30	Gloria G-Dur	1764
I/10	Gloria, Credo	1766
I/12	Gloria, Credo	1767
II/28	Laudate Dominum E-Dur	1767
I/4	Messe c-Moll	1769
IV/1	Te Deum C-Dur	1769
I/39	Credo F-Dur	1769/70
II/11	Credidi a-Moll	1771
II/22	In convertendo Dominum F-Dur	1771
I/28	Gloria F-Dur	1771
I/37	Credo Es-Dur	1771
I/36	Credo D-Dur	1772
II/19	Domine probasti me D-Dur	1775
I/6	Messe (Kyrie, Gloria, Credo)d-Moll	1775
I/23	Gloria C-Dur	1775
IV/9	Vicisti hic carnifices D-Dur	1775
II/24	In exitu Israel D-Dur	1775/76
I/18	Kyrie Es-Dur	1777
I/29	Gloria F-Dur	1777
I/44	Credo B-Dur	1777
II/1	Beatus vir C-Dur	1777
II/32	Laudate pueri D-Dur	1777
II/49	Nisi Dominus F-Dur	1777
II/55	Domine ad adjuvandum G-Dur	1778
I/5	Messe D-Dur	1778
II/58	Magnificat c-Moll	1778
I/22	Kyrie B-Dur	1779
II/26	Lauda Jerusalem B-Dur	1779
I/40	Credo (papale) G-Dur	1779/82
II/25	Lauda anima mea G-Dur	1779
I/24	Gloria D-Dur	1780
II/30	Laudate Dominum quoniam bonus a-Moll	1780
I/48	Victimae paschali laudes D-Dur	1780
I/47	Veni sancte spiritus B-Dur	1780
IV/6	Pange lingua g-Moll	1780
I/25	Gloria D-Dur	1781
I/33	Credo C-Dur	1781
I/31	Gloria G-Dur	1782

II/16	Dixit Dominus Es-Dur	1781
I/38	Credo E-Dur	1782
I/27	Gloria E-Dur	1784
II/13	Dixit Dominus C-Dur	?

Tabelle 14: Versetti für verschiedene Klöster

WVZ-Nr.	Werk	Datierung
IV/11	Versetti per Mestre (?)	
IV/12	Versetti per la professione alle Vergini	
IV/13	Versetti per San Biagio	1778
IV/14	Versetti per San Girolamo	
IV/15	Versetti per San Giuseppe di Castello	
IV/16	Versetti per San Lorenzo	
IV/17	Versetti per San Rocco e Santa Margherita	
IV/18	Versetti per San Sepolchro	
IV/19	Versetti per San Zaccaria	1784
IV/20	Versetti per San Zaccaria	
IV/21	Versetti per Sant' Alvise	
IV/22	Versetti per Santa Maria degli Angeli	
IV/23	Versetti per Santa Marta	
IV/24	Versetti per Vestiario da SS. Catarina	

Tabelle 15: datierte Werke ohne institutionelle Zuordnung

WVZ-Nr.	Werk	Datierung
II/5	Confitebor G-Dur	1733
II/40	Laudate pueri B-Dur	1739
IV/5	Jesu corona virginum	1740
II/27	Laudate Dominum C-Dur	1755
II/8	Confitebor A-Dur	1757

5. DAS VERHÄLTNIS DER ÜBERLIEFERTEN QUELLEN ZUM URSPRÜNGLICHEN WERKGESAMTBESTAND

5.1. Messenkompositionen für San Marco

Vergleicht man die heute überlieferte Anzahl der Kirchenmusikwerke mit den großen Zeiträumen, in denen Galuppi an den venezianischen Ospedali und San Marco angestellt war sowie in Kenntnis dessen, dass er ein produktiver Komponist war, dann liegt die Annahme nahe, dass ursprünglich wesentlich mehr Werke existiert haben müssen, als heute noch vorhanden sind. Diese Annahme wird von verschiedenen historischen Dokumenten untermauert. Auskunft darüber geben z.b. die Akten im Archivio di Stato in Venedig. Sie enthalten Vermerke über Galuppis Kompositionsverpflichtungen für die kirchenmusikalischen Ämter sowie Abrechnungen über die von ihm gelieferten Werke.[158] Weitere Quellen sind Berichte von Zeitgenossen sowie der bereits erwähnte Auktionskatalog der Sammlung von Aristide Farrenc, der einen guten Überblick zu den im 19. Jahrhundert in Paris überlieferten und den heute noch tatsächlich vorhandenen Werken gibt.[159] Im Folgenden wird für San Marco exemplarisch am Beispiel der Messenkompositionen, vor allem der Weihnachtsmessen, sowie für die beiden Ospedali anhand der Motetti und marianischen Antiphonen gezeigt, welche Werke in den konkreten Zeiträumen der erhaltenen Archiveinträge etc. vorhanden gewesen sein mussten.

In der Festlegung von Galuppis Amtspflichten als *maestro di coro* am Ospedale dei Mendicanti (1740-1751) vom 7. August 1740 wird die regelmäßige Komposition von Messen und Vespern erwähnt:

> "E eletto maestro di Musica per tre anni Baldassare Galuppi, con l'obligo di istruire le figlie del Coro e comporre Messe, Vesperi e tutto quello che dev'essere cantanto dalle figlie, con l'onorario di duc. 250 annui."[160]

In den elf Jahren seines Dienstes am Ospedale dei Mendicanti müsste Galuppi demnach mehrere Messen und Vespern liefern. Erhalten geblieben sind jedoch heute nur das *Kyrie* B-Dur (I/1) und *Credo* F-Dur (I/1).

Die in dem Bericht des venezianischen Chronisten Pietro Gradenigo (1695-1776) erwähnte Oster-Messe aus dem Jahre 1762 ist nicht mehr vorhanden:

> "In S. Marco cantò Messa il Vescovo di Parenzo secondato dá bella Musica del nuovo M[aest]ro di Cappella oggi reso visibile, Baldassare Galuppi d[ett]o il Buranello con a-bito di cerimonia."[161]

Drei Jahre später wurde Galuppi laut Prokuratorenbeschluss vom 9. Juni 1765 verpflichtet, für die Zeit seiner Abwesenheit wegen Dienstantritts als Hofkapellmeister am St. Petersburger Hof (1765-1768), für das Kapellmeisteramt an San Marco jedes

---

158 Allerdings sind viele Akten, die die Ospedali betreffen, heute nicht mehr erhalten.

159 Vgl. Auszug aus dem Farrenc-Auktionskatalog S. 9-13.

160 Arch. IRE, Men. B.2 Dalla Rubrica generale (1600-1744), volume secondo, p. 931.

161 I-Vmc, Ms Gradenigo 67, VIII, c. 98 (11. April 1762) zit. in: Berthold Over, *Notizie settecentesche sulla musica a San Marco: I Notatori di Pietro Gradenigo*, in: *La Cappella Musicale di San Marco nell'età moderna*, Venedig 1998, S. 34. Die Notatori des Pietro Gradenigo war eine Chronik der wichtigsten Musikereignisse in den Kirchen, Palazzi, Theatern und anderen bedeutenden Orten Venedigs im 18. Jahrhundert.

Jahr eine Weihnachtsmesse und Vespern für die Patronatsfeste (Hl. Markus am 25. April) und Himmelfahrt zu komponieren.

"Prossimo a tradursi in Moscovia a servizio della Sovrana Baldissera Galuppi Maestro di questa Ducale Capella per il triennio accordatoli colla risserva del posto colla Terminazione 26. Luglio passato promette colla suplica ora letta di far pervenire ogni anno a questa parte una nuova Messa per la festività del Santo Natale tenendo già pronta quella che ha composto per l'anno presente 1765. come pure di consignare al vice maestro li due vesperi per la solennità di San Marco, e dell' Ascensione, ed implora che nel tempo di sua assenza le resti preservato anche il Salario del suo carico da esser corrisposto a suo legitimo Procuratore per le occorrenze della sua famiglia. [...]"[162]

Aus dieser Zeit haben sich die Messensätze *Gloria* D-Dur und *Credo* h-Moll (beide I/10) von 1766 sowie *Gloria* Es-Dur und *Credo* F-Dur (beide I/12) von 1767 erhalten, die den Vermerk tragen, dass sie in St. Petersburg bzw. Moskau komponiert wurden. Die Säzte *Gloria* und *Credo* (I/10) werden außerdem in einem Bericht Pietro Gradenigos vom 21. Dezember 1766 über die Proben zu der Weihnachtsmesse an San Marco genannt:

„Pruova Generale [...] della gran Messa [...] composta in Petterburgo dal famoso Baldassare Galuppi, Maestro della Basilica Medesima, e da lui spedita al virtuoso Vice-Maestro Gaetano Latilla che prima la rassegnò al Ser:^mo Principe"[163]

Die Proben zu den Weihnachtsmessen fanden zunächst meist in der Sakristei von San Marco statt und wurden 1765 in das Innere der Kirche verlegt. In den folgenden Jahren wurde entweder in der Kirche oder der Sakristei geprobt.[164] Später fanden die Proben auch in Privathäusern vor einem geladenen Publikum statt, wie z.B. im Jahre 1770 im Hause Lodovico Rezzonicos:

„Vetusta consuetudine, essendo, che le pruove della Messa nuova composta dal Sig:ʳ Galuppi, detto il Buranello, Maestro della Capella Ducale, si facessero nella Sacristia, indi nel Coro della Basilica di S. Marco; in oggi il Kavalier; e Procurator Cassiere di Supra Missier Lodovico Rezzonico, ordinò, che tutti li Musici, Cantori, e Suonatori debbano in questa sera portarsi ad un suo Casino, stà in una delle Procuratie Vecchie, sopra la Gran-Piazza, onde colà eseguire l'anticipato esperimento, con invito particolare de' Nobili, e delli più celebri intendenti nell'Arte Filarmonica; non che di alquante Dame; trattati tutti con abbondanti, e deliziosi rinfreschi."[165]

Ein Jahr später wurde die Probe zur Weihnachtsmesse am 23. Dezember 1771 im Hause Sebastiano Veniers durchgeführt:

162 I-Vas, *Procuratia De Supra, Basilica di S. Marco*, Reg. 156, fol. 74 v.
163 I-Vmc, *Ms Gradenigo 67*, XXXI, c. 106. Zit. in: Over, *Notizie settecentesche...*, S. 26, Fußnote 18.
164 Over, *Notizie settecentesche...*, S. 27.
165 I-Vmc, *Ms Gradenigo 67*, XXVII, c. 52 (21. Dezember 1770), zit. ebda., S. 27/28.

„Nelle p[ri]me ore della scorso notte in una delle nuove Procuratie abitata dal N.V. Mis[sie]r Sebastiano Venier, in quest'anno Cassiere della Procuratia di Supra, radunatisi tutti li Cantori della Ducale Capella di S. Marco, et così pure li Suonatori di ogni genere di Stromenti; indi si fece la Pruova della Messa solenne per la Notte di Natale, posta in Musica dal Sig:ʳ Maestro Baltassare Galuppi, detto il Buranello, che anche in questo incontrò si merito l'universale applauso."[166]

Aus diesen beiden Jahren haben sich ein *Credo* F-Dur (I/39) (1769/70) sowie ein *Gloria* F-Dur (I/28) und *Credo* Es-Dur (I/37) (beide 1771) erhalten. Im Zusammenhang mit den Weihnachtsmessen sind im Staatsarchiv in Venedig Rechnungen der Procuratoria von San Marco erhalten, die Galuppis Entlohnung dafür belegen. Für die dort aufgeführten Zeiträume sind datierte Messensätze lediglich aus den Jahren 1777 (*Kyrie* Es-Dur [I/18], *Gloria* F-Dur [I/29], *Credo* B-Dur [I/44]) und 1782 (*Gloria* G-Dur [I/31], *Credo* E-Dur [I/38], *Credo (papale)* G-Dur [I/40]) erhalten geblieben:

17. Februar 1761: „siano date d. 10g. 10 a Baldissera Galuppi V.M.ro per copia della Messa della vigilia di Natale." [167]

20. April 1761: „ [...] 17d. 16g. al Maestro Galuppi per copie della Messa della Vigilia di Natale."[168]

12. Januar 1763: „16d. 11g. a Galuppi per copie per la Messa nuova per la notte di Natale fogli 95."[169]

10. Januar 1772: „ 176 d. g. 7 a Galuppi per mottetti, concerti, copie di musica, Gloria, Credo e due Salmi per Natale."[170]

11. Januar 1776: „204 d. 2 g. a Galuppi per rimborso delle spese per mottetti, concerti, copie della   messa e due salmi per la notte di Natale. [...]" [171]

6. Januar 1777: „209 d. 16 g. a Baldassare Galuppi per mottetti, concerti, rinforzo di tenori, bassi e violini, "portadura d'organo in sagrestia, e per copie della Messa, Gloria e Credo".[172]

6. Mai 1782: „10 d. 8 g. al Galuppi per rimborso di quanto speso in professori di rinforzo per la messa del giorno di S. Marco."[173]

166 I-Vmc, *Ms Gradenigo* 67, XXXI, c. 65 v (23. Dezember 1771), zit. ebda., S. 27. Bei der hier aufgeführten Probenzeit von 1 Uhr nachts handelt es sich um eine alte italienische Zeitangabe, wonach 24 Uhr mit 16 Uhr heutiger Zeit gleichzusetzen ist. Die Proben für die Weihnachtsmesse begannen gewöhnlich nach Sonnenuntergang, nachdem die Kirche für das öffentliche Publikum geschlossen wurde. Vgl. ebda., S. 27/28.

167 I-Vas, *Procuratia de supra, Basilica di S. Marco*: Reg. 156 1758-1769 (fol 29v.); Reg. 199, Coll. Lettere 1742-1767=ß (fol.29v.).

168 I-Vas, *Procuratia de supra, Basilica di S. Marco*: Scontro 44 1753-1763.

169 I-Vas, *Procuratia de supra, Basilica di S. Marco*: Scontro 44 1753-1763.

170 I-Vas, *Procuratia de supra, Basilica di San Marco*: Scontro 45 1763-1774.

171 I-Vas, *Procuratia de supra, Basilica di San Marco*: Scontro 46 1775-1787.

172 I-Vas, *Procuratia de supra, Basilica di San Marco*: Scontro 46 1775-1787.

173 I-Vas, *Procuratia de supra, Basilica di San Marco*: Scontro 46 1775-1787.

Ein weiterer Hinweis auf das Vorhandensein einer Galuppi-Messe enthält das Kassenbuch für die Jahre 1772 bis 1808 der zu San Marco gehörenden Scuola dei Mascoli[174]. Für das Jahr 1782 ist hier die Zahlung an Galuppi in Höhe von 74 Liren und 8 Soldi für die Aufführung einer neuen Messe verzeichnet. Weiter ist die Ausgabe von 45 Liren für das Kopieren der Messenpartitur, die Galuppi der Scuola dei Mascoli geschenkt hatte, für den 8. Februar 1782 festgehalten.[175] Der Schreiber dieser Partitur, die heute nicht mehr auffindbar ist, war Don Paolo Chiaranda. Er war wahrscheinlich seit dem 3. Mai 1767 als Kopist für San Marco tätig.[176] Als Zeichen der Dankbarkeit für diese Schenkung wurde Galuppi am 13. Juni 1782 in einer Kapitelversammlung der Scuola zum "Mitbruder ehrenhalber" ernannt. Aus diesem Grunde steuerte die Bruderschaft auch später Geld zu seinem Begräbnis bei.[177]

Setzt man den gesamten Zeitraum der Anstellung Galuppis als *maestro di cappella* an San Marco ins Verhältnis zu den erhaltenen und datierten Messensätzen (siehe Tabelle 16: Chronologische Übersicht zu Galuppis Messenproduktion) und geht man gleichzeitig davon aus, dass Galuppi für jedes Jahr seiner Anstellung mindestens eine Weihnachtsmesse komponieren musste, so muss man schlussfolgern, dass von den ehemals vorhandenen Sätzen *Gloria* und *Credo* heute nur noch etwa die Hälfte erhalten ist. Die relativ geringe Zahl der *Kyrie*-Sätze lässt sich dagegen damit erklären, dass der *maestro di cappella* von San Marco traditionell nur für die Komposition des *Gloria* und *Credo* zuständig war und das *Kyrie* vom 1. Organisten bzw. *vicemaestro* übernommen wurde.[178]

Tabelle 16: Chronologische Übersicht zu Galuppis Messenproduktion

Jahr	Kyrie (WVZ-Nr.)	Gloria (WVZ-Nr.)	Credo (WVZ-Nr.)
1762			
1763			
1764	I/14	I/30	
1765			
1766		I/10	I/10
1767		I/12	I/12
1768			
1769	I/4	I/4	I/4
1770			I/39
1771		I/28	I/37
1772			I/36

---

174 Die *scuole* waren Vereinigungen von Laienbruderschaften, die der Zelebration religiöser Feiertage und Abhaltung von Gedächtnismessen für Verstorbene dienten.

175 I-Vas, *Scuole piccole*, Registra 146.

176 I-Vas, *Procuratia de supra*, *Actorum*, Registra 156, S. 123.

177 Gastone Vio, *Le Confraternite nella chiesa di San Marco*, in: *La Cappella Musicale di San Marco nell'età moderna*, Venedig 1998, S. 251 f.

178 Over, *Notizie settecentesche...*, S. 26.

1773			
1774			
1775	I/6	I/6; I/23	I/6
1776			
1777	I/18	I/29	I/44
1778	I/5	I/5	I/5
1779	I/22		I/40
1780		I/24	
1781		I/25	I/33
1782		I/31	I/38; I/40
1783			
1784		I/27	
gesamt	6/23	13/23	12/23

5.2. Motetti a voce sola und marianische Antiphonen für die Ospedali

Aus der Fülle der Motetti und marianischen Antiphonen, die Galuppi im Rahmen seiner Kompositionsverpflichtungen als *maestro di coro* am Ospedale dei Mendicanti (1740-1751) sowie am Ospedale degl'Incurabili (1762-1765, 1768-1776) geschrieben haben muss, sind heute nur noch 14 Motetti, deren Zuschreibung an Galuppi teilweise unsicher ist,[179] sowie 12 marianische Antiphonen erhalten (darunter zwei *Alma Redemptoris*, drei *Ave Regina*, ein *Regina coeli* und sechs *Salve Regina*[180]). Dass es sich hierbei nur um einen Bruchteil von Galuppis Produktion für solistische Kirchenmusik an den Ospedali handeln muss, beweisen einige Aktennotizen aus dem Venezianischen Staatsarchiv. Darunter befindet sich eine Auflistung von Werken, die Galuppi seinem, an die Prokuratoren des Ospedale dei Mendicanti gerichteten Antrag vom 27. August 1741 auf Beurlaubung für zwei Jahre (zum Zwecke des Antritts der Stelle als Musikalischer Leiter des Londoner Haymarket Theatre), beigefügt hatte. Darin zählt Galuppi auf, was er im Zeitraum von 1740-1741 für das Ospedale bereits komponiert hatte. Laut dieser Aufstellung handelt es sich dabei um 16 Motetti, 9 Psalmen, 4 Salve Regina, 2 Antiphone. Ebenso erwähnt er, wie viele Werke er für die Zeit seines Aufenthalts in London bereits im Voraus geschrieben hatte: „Composizioni alle lascio nel tempo di mia absenza Confitebor n°:

---

179 Nach Pier Giuseppe Gillio wurden auch in San Marco während zwei Messen meist sieben oder acht Motetti aufgeführt. Überlieferte Motetto-Kompositionen für San Marco sind jedoch nicht bekannt. Er vermutet, dass Motetti von Komponisten verwendet wurden, die von außen kamen, also nicht direkt an San Marco angestellt waren. Diese Werke gehörten zum persönlichen Repertoire der Virtuosen. Der Autor stützt sich in dieser Aussage auf Berthold Over, der in der Bibliothek des Seminario Patriarcale in Venedig einen Motetto gefunden hat, der von Nicola Zingarelli für Luigi Marchesi komponiert worden ist und in San Marco zu Weihnachten 1792 aufgeführt wurde. Vgl. Pier Giuseppe Gillio, *Cantanti d'opera alla Cappella Marciana*, in: *La Cappella Musicale di San Marco nell'età moderna*, Venedig 1998, S. 127.

180 Dass mehr *Salve Regina*-Kompositionen als andere marianische Antiphonen erhalten sind, hängt damit zusammen, dass *Salve Regina*-Vertonungen die meiste Zeit des Kirchenjahres aufgeführt wurden und somit auch ein erhöhter Bedarf an solchen Werken bestand.

1, Laudate n°: 1, Mottetti n°: 4, Salve n°: 2, Alma Redemptoris n°: 1."[181] Innerhalb eines Jahres, also von 1740 bis 1741, hatte er allein 20 Motetti und neun Antiphonen komponiert. Von den in dieser Auflistung aufgeführten Werken lassen sich heute lediglich nur zwei datierte und erhaltene Werke zuordnen: das *Laudate pueri* G-Dur (II/35) und das *Confitebor* C-Dur (II/2).[182] Weitere Erwähnungen von Galuppis Motetti finden sich in einem Bericht an die Congregazione des Ospedale dei Mendicanti vom 24. Februar 1750:

> „In avvenire si esibiranno in Chiesa solo salmi, motetti e antifone del maestro Galuppi, il quale dovrà comporre sempre due motetti nuovi per i Vespri e le Messe solenni, come comunemente è praticato dai Cori degli altri Ospedali. [...]".[183]

Im Bericht vom 26. September des darauffolgenden Jahres 1751 sind neben der Verpflichtung zur regelmäßigen Komposition von Motetti, Psalmen und Antiphonen auch Galuppis Lehrverpflichtungen gegenüber den *figlie di coro*, den Sängerinnen, festgehalten:

> "Se il maestro Galuppi compone regolarmente motetti, salmi e antifone, e dà opportuno insegnamento alle figlie, e se interviene di persona alle funzioni e Vesperi del Coro [...]."[184]

---

181 I-Vas, *Ospedale e Luoghi Pii*, busta 654: der Zettel mit der Kompositionenaufstellung von Galuppi ist dem von einem Kopisten geschriebenen Brief beigelegt: „Componimenti fatti nell'anno per il coro | Motetti n°: 16 | Salve n°: 4 | Antiphone n°: 2 | Salmi n°: 9 | Composizioni alle lascio nel tempo di mia absenza | Confitebor n°: 1 | Laudate n°: 1 | Mottetti n°: 4 | Salve n°: 2 | Alma Redemptoris n°: 1."

182 Allerdings könnten durchaus Werke, die nur in Form von undatierten Abschriften vorliegen, noch dieser Werkreihe zuzuordnen sein.

183 Archivio IRE, Men. A. 6 Registro de Congregazioni. Tomo sesto (1732-1756) n. 6153: 24.: 24. febbraio 1750:
"I Governatori presentano relazione, come richiesto dalla Congregazione. Mancando alcuni Salmi per i Vespri solenni che si officiano tutte le domeniche, la Deputazione sopra la Chiesa con le più sode, e risolute maniere dovrà ordinare al maestro Galuppi di applicarsi tanto al componimento di chiunque in Chiesa nostra intervienne, onde rimettersi notabilmente diminuita. Gli si concendo tre mesi di tempo. In avvenire si esibiranno in Chiesa solo salmi, motetti e antifone del maestro Galuppi, il quale dovrà comporre sempre due motetti nuovi per i Vespri e le Messe solenni, come comunemente è praticato dai Cori degli altri Opedali. Queste composizioni nuove saranno eseguite di volta in volta dalle migliori voci del Coro. È proibito alle figliole prendere lezioni di musica da qualsiasi altra persona che non siano i maestri dell'ospedale. I Governatori sopra la Chiesa e le Figlie vigileranno sul Coro e in particolar modo sulle figlie sopranumerarie. (17 de sì, 1 de nò)."

184 Archivio dell' IRE, Men. A. 6 Registro de Congregazioni. Tomo sesto (1732-1756) n. 6259, 17. settembre 1751:
"Su richiesta della Congregazione, i Governatori sopra la Chiesa dovranno al più presto riferire sullo stato del Coro e precisamente su questi argomenti: Se i maestri di Coro e di strumenti fanno il loro dovere, istruir, componer, e diriger le Figlie; Se il maestro Galuppi compone regolarmente motetti, salmi e antifone, e dà opportuno insegnamento alle figlie, e

Eine ausführlichere Aufstellung seiner Verpflichtungen amOspedale degl'Incurabili lässt sich aus dem Dekret der Prokuratoren vom 22. Dezember 1768 über die Wiedereinstellung von Galuppi als *maestro di coro* am Ospedale degl'Incurabili nach seiner Rückkehr von St. Petersburg entnehmen. Demnach umfasste der Kompositionsauftrag Psalmen, Motetti sowie fünf Vesperpsalmen mit einem Salve Regina oder einem Oratorium:

> „La maniera, con cui si è egli diportato per il corso di anni tre consecutivi, prima di sua partenza, ci persuade, che sarà continuata dallo stesso, promettendo innoltre di non mancare a quell'atenzione necessaria per il Coro, fondamento principale di questo Pio Luoco [...]. Primo: Dovrà andar scrivendo per bisogno del Coro a misura delle occorenze Salmi e Motetti, sicchè frà l'Anno abbia ad esservi sempre il bisogno occorente. Secondo: Dovrà per debito far un Vespero nuovo di tutti li cinque Salmi, con la Salve, ovvero un Oratorio, a misura di quanto gli verrà ordinato dalli SS. ri Deputati prò tempore sopra la Chiesa, e ciò ogni Anno per la Festa di San Salvatore Tittolare di questa Chiesa. Terzo: Doverà tre volte alla settimana portarsi in questo Pio Luogo per insegnare alle Figlie, intendendosi che abbia sempre ad avere la debita dipendenza dalli SS. ri Deputati sopra la Chiesa prò tempore, e sopra le Figlie, ai quali si raccomanda d'invigliare, perche il suddetto adempisca con dovere a tutte le parti impostegli." [185]

Vergleicht man die Jahreszahlen auf den wenigen heute erhaltenen und datierten Motetti und Antiphonen mit den in den Akten erwähnten produktionsreichen Zeiträumen 1740-1743, 1750-1751 und 1768, so muss man feststellen, dass aus dieser Zeit keine Werke überliefert sind. [186]

Neben den archivalischen Quellen geben auch die Libretto-Sammlungen Auskunft über die Motetti und *Salve-Regina*-Vertonungen. Aus den vier Libretto-Sammlungen für das Ospedale dei Mendicanti [187] sind heute allerdings nur drei Motetti bekannt. Der übrige, erheblich größere Teil, ist verschollen. [188]

---

se interviene di persona alle funzioni e Vesperi del Coro; Se infine di tanto in tanto esamina le figliole che vengono istruite dai maestri di maniera e solfeggio."

185 I-Vas, *Ospedali e Luogi Pii*, Busta 1031, f. 64a.

186 Einige der in diesen Zeiträumen komponierten Werke können sich natürlich unter den undatierten Motetti und Antiphonen befinden.

187 In Textsammlungen für das Ospedale degl'Incurabili hingegen finden sich keine von Galuppi vertonten Texte.

188 Für dieses Missverhältnis zwischen den in der Libretto-Sammlung verzeichneten und den tatsächlich überlieferten Werken hat Wolfgang Hochstein, bezogen auf Niccolò Jomelli, folgende Erklärung: die Aufführung eines Komponistennamens in diesen Sammlungen muss nicht unbedingt mit dem tatsächlich vorhanden gewesenen Repertoire übereinstimmen, sondern meint eher das Kompositionsvorhaben, nicht immer aber die tatsächliche Realisierung. Vgl. Wolfgang Hochstein, *Die Solomotetten bei den Incurabili unter besonderer Berücksichtigung der Kompositionen Jomellis*, in: *Musik an den venezianischen Ospedali/Konservatorien vom 17. bis zum frühen 19. Jahrhundert. Symposion vom 4. bis 7. April 2001 Venedig*, hrsg. von Helen Geyer und Wolfgang Osthoff, Rom 2004, S. 327. Vgl. auch OVER 1998, S. 78.

Die Sammlung *Rhythmi Sacri* (1747)[189], deren Motetti zu den Quarant'ore am 26. bis 28. März aufgeführt wurden, enthält die Texte zu

Horti florentis – ligustra, et rosae	Solistin: Angela Cristinelli, verschollen
A rupe alpestri ad vallem	Solistin: Justina Garganega, erhalten, siehe WVZ III/1
Redit ver: o hirundo, veni	Solistin: Joanna Cedroni, verschollen
Celsa platanus in monte	Solistin: Sophia Sopradici, ist im Dresdener *Catalogo 1765* verzeichnet, heute aber verschollen
Sum offensa	Solistin: Geronima Tavani, erhalten, siehe WVZ III/8

Die Sammlung *Devoti Sacri Concentus* (1748) [190] zum Fest der Hl. Maria Magdalena am 22. Juli enthält

Unda fremit agitata	Solistin: Angela Cristinelli, verschollen
Borea infesto sibilante	Solistin: Justina Garganega, verschollen
Vere novo dum Pastor avena	Solistin: Joanna Cedroni, verschollen
Quam horribilis aspectu	Solistin: Sophia Sopradici, verschollen
Sum nimis irata	Solistin: Geronima Tavani, erhalten, siehe WVZ III/7
Salve Regina	Solistin: Beatrix Fabris, verschollen

In der Sammlung *Rhythmi Sacri* (1749)[191] befinden sich die Libretti zu den Quarant'ore am 30. März bis 1. April

Cessate, cessate	Solistin: Beatrix Fabris, verschollen
Longe errando a caro nido	Solistin: Angela Cristinelli, verschollen

---

189 Quelle: I-Rsc: Rhythmi Sacri | Musice recitandi | In Templo | Divi Lazari Mendicantium | In Triduo | Hebdomadae Majoris | Inter solemnem | Santissimi Corporis | Domini Nostri Jesu Christi | Adorationem. | Balthassare Galuppi | Chori Virginum Magistro, ac Moderatore. | Anno Salutis M.DCC.XLVII. | Venetiis, | Superiorum Permissu. Vgl. OVER 1998, S. 221.

190 Quellen: I-Bc, I-Rsc: *Devoti Sacri Concentus | Exponendi | A Piis Virginibus Chori | In Xenodochio | Divi | Lazari Mendicantium | Solemnis Inter Vesperas | De Festo | Divae Mariae Magdalenae | Balthassare Galuppi | Ejusdem chori Moderatore. Venetiis Anno 1748.* Vgl. OVER 1998, S. 222. In I-Rsc sollte sich ein titelgleiches Libretto von 1747 mit vier von Galuppi vertonten Libretti befinden, das aber offensichtlich nicht mehr vorhanden ist. Vgl. OVER 1998, S. 262.

191 Quellen: I-Bc, I-Vmc: Rhythmi Sacri | Musicae Recitandi | In Templo | Divi Lazari Mendicantium | Triduo | Majoris Hebdomadae | Balthassare Galuppi | Chori Virginum Magistro, ac Moderatore. | Anno Salutis M.D.CC.XLIX. Vgl. OVER 1998, S. 223

Tyranna sum & barbara	Solistin: Justina Garganega, verschollen
Contra fluctus horrendae spumantes	Solistin: Joanna Cedroni, verschollen
Sparso crine, alte exclamando	Solistin: Hieronyma Tavani, ist im Dresdener *Catalogo 1765* verzeichnet, heute aber verschollen

Die letzte Sammlung *Carmina Sacra* [192] stammt aus dem Jahre 1750

Tiranni affectus mei	Solistin: Angela Cristinelli, verschollen
Rores placidi, nocturni	Solistin: Justina Garganega, verschollen
Salve Regina	Solistin: Beatrix Fabris, verschollen

In der Sammlung *Canticorum Sponsi* (1770) für das Ospedale degl'Incurabili ist neben einem *Dixit Dominus, Confitebor, Laudate Pueri* und dem Dialogus *Sponsa et Sponsus* ein *Salve Regina* für die Solistin Pasqua Rossi erwähnt, das heute ebenfalls nicht mehr überliefert ist.[193]

Eine spätere Auskunftsquelle für den ursprünglichen Bestand an Galuppis Motetti und marianischen Antiphonen ist der Auktionskatalog der Sammlung von Aristide Farrenc aus dem Jahre 1866.[194] Unter der Nummer 662 sind ein *Alma redemptoris*, *Ave Regina* und zwei *Salve Regina* verzeichnet, die heute noch vorhanden sind. Dabei handelt es sich um das *Alma redemptoris* B-Dur (II/64) 1775, *Ave Regina* A-Dur (II/67) 1774 sowie das *Salve Regina* A-Dur (II/72) 1774 und A-Dur (II/73), 1775. Daneben ist der unter der Nummer 1469 aufgeführte Motetto *Rutilanti amica aurora* (III/6) 1778 noch erhalten geblieben. Die übrigen Einträge konnten jedoch mit den überlieferten Motetti und marianischen Antiphonen nicht in Verbindung gebracht werden: Nr. 671 „Salve", Nr. 672 „5 motets, avec orchestre", Nr. 1471 „Regina coeli", Nr. 1476 „Alma redemptoris, 7 mottets", Nr. 1477 „Alma redemptoris, 2 Salve, 4 mottets".

Aus der dargestellten Gesamtsituation der Überlieferung von Galuppis Kirchenmusikwerken geht hervor, dass selbst noch im 19. Jahrhundert der Bestand an seinen Kompositionen um mindestens die Hälfte höher lag, als es gegenwärtig der Fall ist. Die meisten von ihnen sind heute verschollen bzw. über allgemein zugängliche

---

192 Quelle: I-Vmc: Carmina Sacra | Decantanda | A Filiabus Chori | Sancti Lazari | Mendicantium | Musicae expressa | a | Balthassare Galuppi | Ejusdem chori Moderatore | Anno Salutis MDCCL. | Superiorum permissu. Vgl. OVER 1998, S. 224

193 OVER S. 247. Quellen: I-Vcg, I-Vmc: Canticorum Sponsi: | Modi Sacri | Recinendi A Piis Virginibus | Choristis De Nosocomio | Incurabilium Appellato. | Modos Fecit | Dominus Dominus Balthassar Galuppi | Ejusdem Chori Magister. | Venetiis, MDCCLXX. | Typis Dominici Battifoco | Superiorum Permissu.

194 Siehe Kapitel II. 1. Die Autographenüberlieferung.

Verzeichnisse und Bibliographien nicht lokalisierbar. Diese Aussage bezieht sich in gleichem Maße auch auf die im vorhergehenden Kapitel behandelten Messensätze, deren Gesamtzahl im Farrenc-Katalog noch viel höher ist als die der Motetti und marianischen Antiphonen.

III. GALUPPI UND DIE TRADITION – ELEMENTE DES STILE ANTICO IN DER KONZERTIERENDEN KIRCHENMUSIK

In den Berichten Charles Burneys über Galuppis Kirchenkompositionen findet sich folgende Aussage:

> „Seine Kirchenkompositionen sind in England wenig bekannt; sie scheinen mir aber vortrefflich (ich erhielt zu Venedig einige von seinen Mottetten); denn obgleich manche Arien im Opernstyle geschrieben sind, so zeigt er doch bey Gelegenheit, daß er auch im wahren Kirchenstyle, welcher ernsthaft, voller guter Harmonie, schöner Modulation und fleißig gearbeiteter Fugen ist, geschickt zu schreiben wisse."[195]

Burney unterschied demnach strikt zwischen Opernstil und dem „wahren Kirchenstil". Das, was er mit dem „wahren Kirchenstil" meinte, wird heute meist als *stile antico* bezeichnet. Diese begriffliche Anwendbarkeit auf Werke des 18. Jahrhunderts ist jedoch nicht klar definiert. Im allgemeinen Verständnis wird der im 17. Jahrhundert entstandene Begriff *stile antico* für die Musik nach 1600 angewandt, die an die Tradition der Vokalpolyphonie Palestrinas angelehnt ist und neben der a-capella-Gestaltung eine strenge kontrapunktische Satztechnik aufweist.[196] Die meisten als *stile antico* bezeichneten Werke des 18. Jahrhunderts hatten sich durch ihre Anpassung an die musikalischen Entwicklungen ihrer Zeit bereits von der historisch konkreten Schreibart des sogenannten „Palestrinastils" entfernt. Dabei wurde die reine a-capella-Gestaltung durch Generalbassbegleitung und colla parte mitspielende Instrumente erweitert. Äußeres Kennzeichen dieses Stils waren alla-breve-Taktnotierungen mit langen Notenwerten und häufige imitatorischen Stimmeneinsätze. Trotz einiger Entfernung von seinem Vorbild im 16. Jahrhundert bewahrte sich der *stile antico* in seiner Gestaltung immer noch eine Sonderstellung gegenüber dem *stile moderno,* dem konzertierenden, monodischen Stil und blieb ein Teil der kompositorischen Praxis des Settecento.[197]

Mit ähnlichen terminologischen Schwierigkeiten bei der Übertragung des Begriffs *stile antico* auf entsprechende Werke aus dem 18. Jahrhundert hat auch Wolfgang Horn in Bezug auf Jan Dismas Zelenka (1679-1745) und Johann David Heinichen (1683-1729) zu tun. In seinem Aufsatz erläutert er eingehend die Doppeldeutigkeit der Begriffe „alter Stil" bzw. *stile antico* und unterscheidet klar zwischen den Ent-

---

195 Charles Burney, *Tagebuch einer musikalischen Reise,* (deutsche Übersetzung von C. D. Ebeling), Hamburg 1772, S. 133.

196 Für diese Werkmerkmale ist nach Meinung Norbert Dubowys und Wolfgang Witzenmanns jedoch eher der Begriff des *stile osservato* anzuwenden. Norbert Dubowy, *Bemerkungen zur Kirchenmusik von Antonio Lotti,* in: *Händel-Jahrbuch,* Kassel 2000, S. 95. Vgl. auch Wolfgang Witzenmann, *Zur Behandlung des stile osservato in Alessandro Scarlattis Kirchenmusik,* in: *Colloquium Alessandro Scarlatti Würzburg 1975,* hrsg. von Wolfgang Osthoff und Jutta Ruile-Dronke, Tutzing 1979, S. 133-152, S. 137.

197 Karl Gustav Fellerer, *Der stile antico,* in: *Geschichte der katholischen Kirchenmusik,* hrsg. von Karl Gustav Fellerer, Kassel 1976, Bd. 2, S. 88ff.

wicklungen des *stile antico* im 18. Jahrhundert und dem ursprünglichen „Palestrinastil".[198].

Im Venedig des 18. Jahrhunderts wurden reine *stile antico*-Werke im Sinne einer a-capella-Gestaltung mit streng kontrapunktischer Satztechnik nur für einfache Gottesdienste und auch solche in der Fastenzeit verwendet, bei denen auf eine Orchesterbegleitung verzichtet werden musste. Bedeutende Höhepunkte des liturgischen Festkalenders hingegen wurden mit konzertierender Kirchenmusik ausgestaltet.[199] Für den Bedarf an einfachen a-capella-Werken wurden gelegentlich auch Neukompositionen gebraucht,[200] die vermutlich auch Galuppi im Rahmen seiner Amtspflichten liefern musste. Jedoch sind die wenigen von ihm überlieferten Werke mit einer reinen a-capella-Besetzung (teilweise mit Basso continuo-Begleitung) auf Grund der Quellenlage und der musikalischen Faktur in ihrer Zuschreibung an Galuppi zweifelhaft. Deshalb bleiben sie im Folgenden ausgeklammert.[201] Klarer beschreibbar hingegen ist Galuppis Umgang mit *stile antico*-Elementen innerhalb seiner konzertierenden Werke. Dies sind in der Regel einige wenige Einzelsätze, die meist innerhalb von groß angelegten konzertierenden Werken platziert sind. Ein relativ frühes Beispiel dafür ist der Satz *Memor erit* aus dem Psalm *Confitebor* G-Dur (II/5) von 1733. Dieser Satz spiegelt den Einluss der Schule von Antonio Lotti (1666-1740), bei dem Galuppi seit 1722 Unterricht in Kontrapunkt und Orgel erhielt.[202] Lotti, damals erster Organist und ab 1733 erster Kapellmeister an San Marco, führte Galuppi in die Vokalpolyphonie im Stile Palestrinas ein und forderte

---

198 „Im Schaffen Zelenkas oder Heinichens kann man wohl Stücke im ‚stile antico' oder im ‚antiquen Allabreve' finden, nicht aber (oder nur in seltenen Ausnahmen) Stücke im ‚Palestrinastil'. Deshalb sollte man Stücke, die tatsächlich der Kompositionsweise Palestrinas verwandt sind, unterscheiden von Stücken, die lediglich in strengem Satz, aber durchaus auf der Grundlage moderner Tonartenvorstellungen geschrieben sind. Im ersten Fall sprechen wir von ‚Palestrinastil', im zweiten Fall von ‚gebundenem Allabreve-Stil', der im 18. Jahrhundert in 2/2-Takten konzipiert war. Damit soll die Doppeldeutigkeit der Termini ‚alter Stil' bzw. ‚stile antico' vermieden werden. Die Gemeinsamkeit von Palestrinastil und gebundenem Stil ist äußerlich: das weiße Notenbild des Allabreve, das vom Ganzen, Halben und Viertelnoten beherrscht wird." Wolfgang Horn, *Der „antique Kirchen-Stylus" und die Musik Palestrinas. Bemerkungen zur Palestrina-Pflege und zur Komposition im „gebundenen Allabreve-Stil" am Dresdener Hof zur Zeit Heinichens und Zelenkas*, in: *Aufführungs- und Bearbeitungspraxis der Werke Palestrinas vom 16. bis zum 20. Jahrhundert*, hrsg. von Friedrich Wilhelm Riedel, *Kirchenmusikalische Studien*, Bd. 3, Sinzig 1998, S. 55-79, S. 63.

199 Carlida Steffan, *Tempo del rito, tempo della devozione*, in: *La Cappella Musicale di San Marco nell'età moderna*, hrsg. von Francesco Passadore und Franco Rossi, Venedig 1998, S. 231. Zit. in: Norbert Dubowy, Bemerkungen zur Kirchenmusik von Antonio Lotti, in: Händel-Jahrbuch, Kassel 2000, S. 96.

200 Dubowy, S. 95.

201 Es handelt sich dabei um die Messe C-Dur (Anh. 1) sowie diverse Hymnen aus einem Sammelband mit Musik zur Karwoche (I-Vsm, B.6) (Anh. 31, Anh. 32).

202 Nach seiner Rückkehr 1719 aus Dresden wandte sich Lotti von der Opernkomposition gänzlich ab, schrieb nur noch Kirchen- und Kammermusik und bevorzugte darin den Palestrinastil.

seinen Schüler auf, sich ganz auf den Kontrapunkt zu konzentrieren und deshalb drei Jahre lang keine andere Musik zu komponieren.

Der *Memor erit* aus dem Psalm *Confitebor* G-Dur (II/5) ist mit Sopran, Alt und Bass sowie einem selbstständig geführten Basso continuo besetzt, der nur in Ausnahmen colla parte mit der vokalen Bassstimme läuft. Der polyphone Satz in h-Moll ist, was als typisch für den *stile antico* gelten kann, im Dreihalbetakt gehalten, und von langen Notenwerten sowie imitatorischen Abschnitten geprägt. Den Text der 5. und 6. Verszeile des Psalms teilt Galuppi in drei Abschnitte, die er jeweils mit einem eigenen Soggetto versieht, das nacheinander in allen Stimmen durchimitiert wird: 1. *memor erit in saeculum testamenti sui* (Takte 1-30), 2. *Virtutem operum suorum* (Takte 30-35), 3. *annuntiabit populo suo* (Takte 35-56). Warum Galuppi gerade diesen Textabsatz kompositionstechnisch an den *stile antico* anlehnt, lässt sich aus der Wortbedeutung von *Memor erit* – sich erinnern, rückbesinnen - ableiten, zu deren Illustration sich ein an alte Vorbilder orientierter Kompositionsstil gut eignet.

Der Satz beginnt mit einem einfachen Soggetto, das aus zwei sequenzierend wiederholten abwärtsgerichteten Linien im Umfang einer Quinte bzw. verminderten Quinte besteht (Takte 1-6, Bsp. 1, Abschnittsende Takt 30 auf der Dominante): auf den ersten, stufenweise absteigenden melodischen Abschnitt folgt im Abstand einer kleinen Sekunde höher und in rhythmischer Augmentation der zweite Abschnitt. Auch hier folgt Galuppi dem für den *stile antico* eigenen Prinzip der größtmöglichen musikalischen Textausdeutung, indem er für das Wort *saeculum* die seiner Tragweite angemessene rhythmische Vergrößerung wählt. Danach wird das Soggetto im Sopran und zuletzt im Bass imitatorisch durchgeführt. Als Kontrapunkt dazu und als Kontrast zur Sekundbewegung des Soggettos wird im Alt ein aufwärtsgerichteter rhythmisch akzentuierter Quartsprung als in Sekundschritten absteigende Sequenz intoniert. Die resolute, metrisch und rhythmisch betonte Quarte fungiert als ausdrucksstarke Ausdeutung des Wortes *testamenti*. Der Basso continuo ist hier und in den folgenden Abschnitten thematisch nicht mit einbezogen, sondern agiert völlig selbstständig als Gegenpart zu den Vokalstimmen.

Bsp. 1

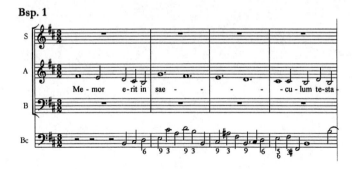

Der kurze Mittelteil *Virtutem operum suorum* (Takte 30-35) trägt durch kleinere Notenwerte und gelegentliche Punktierungen einen etwas lebhafteren Charakter (auch hier in Übereinstimmung mit dem Text *Virtutem operum suorum*.) Er schließt auf der Tonika in h-Moll (Bsp. 2) und übernimmt die Überleitungsfunktion zum letzten Teil des Satzes.

Bsp. 2

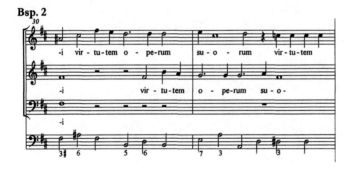

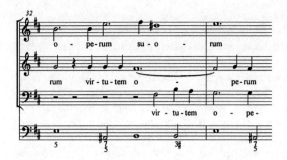

In dem etwas bewegteren letzten Satzteil (Takte 35-56, Bsp. 3) sind die ursprünglich langen Notenwerte der abwärts verlaufenden Linie aus dem Anfangssoggetto in vier sequenzierend wiederholte, in Sekunden absteigende Viertelskalen umgewandelt. Diese Skalen verarbeiten als Melisma das Wort *annuntiabit* und durchziehen damit den gesamten Abschnitt.

Bsp. 3

Im Unterschied zum *Confitebor* ist das *Magnificat* C-Dur, 1778 (I/58)[203] vollständig im *stile antico* gehalten. Im Gegensatz zum *Memor erit* im *Confitebor*, das nur mit Vokalstimmen und Basso continuo besetzt ist, kommen im *Magnificat* noch Trompete

---

203 Nach der notierten Jahreszahl 1735 in der Einband-Innenseite könnte das *Magnificat* aus den 1730er Jahren stammen.

und Streicher hinzu. Die Streicher und abschnittweise der Basso continuo werden mit den Vokalstimmen (SATB) colla parte geführt (d.h. S-V II, A-V I, T-Va, B-Bc). Die Trompete ist eine Zusatzstimme, sie wird selten eingesetzt und agiert dann selbstständig.

Zu Beginn setzt die Bassstimme separat mit der ersten Textzeile *Magnificat anima mea dominum* ein und wird vom Basso continuo, der unabhängig geführt ist, begleitet. Dieses Soggetto, das eher als cantus firmus zu bezeichnen ist, schafft das Gerüst des Satzes, in dem er durch den gesamten Satz geführt und dabei von allen Stimmlagen aufgenommen wird. Ausnahmen bilden die Verszeilen *Suscepit; Abraham; Gloria* und *Et spiritum sanctum*. Hier fehlt die Wiederholung des *Magnificat*-cantus-firmus. Er wird erst am Ende nach *Et nunc et semper* wieder aufgenommen, diesmal unter Beteiligung aller Stimmen, als krönender Abschluss der gesamten Komposition.

Nach dieser Eröffnung setzt die nächste Verszeile *et exultavit* mit einem neuen Soggetto imitatorisch in allen Stimmen nacheinander ein. Dabei werden die Instrumente jeweils colla parte mit den Vokalstimmen geführt. (Bsp. 4, S. 87 f.) Die nächste Verszeile *quia respixit* beginnt wieder mit einem neuen Soggetto und wird wiederum imitatorisch durch alle Stimmen, mit Ausnahme des Alts, geführt. Der Alt verselbstständigt sich, indem er den Eingangs-cantus-firmus *Magnificat anima mea dominum* unabhängig von den übrigen Stimmen aufnimmt. Das Prinzip, den Beginn jeder neuen Verszeile mit einem neuen, imitatorisch einsetzenden Soggetto zu verknüpfen, wird im gesamten Satz beibehalten und erinnert an den Palestrinastil. (Bsp. 5, siehe S. 88)

Ausgehend von dem an den traditionellen *stile antico* angelehnten Satz *Memor erit* im *Confitebor* G-Dur (II/5) und dem vollständig im *stile antico* gehaltenen *Magnificat* C-Dur (I/58) lässt sich in den später entstandenen Kompositionen eine Tendenz zur verstärkten Einbeziehung des Instrumentalparts erkennen. Der polyphone, in ruhig fließender Rhythmik der langen Notenwerte gehaltene Vokalsatz behält als Basis weiterhin die führende Rolle. Entgegen der bereits oben beschriebenen Praxis für *stile-antico*-Kompositionen des 18. Jahrhunderts, Instrumente streng colla parte zu den Vokalstimmen zu führen, zeigt sich nun in den später entstandenen Werken ein vom Vokalpart relativ unabhängiger, eigenständiger Instrumentalsatz. Dieselben Tendenzen lassen sich bereits anhand der Kirchenmusikwerke von Antonio Lotti verfolgen.[204]

---

[204] Bezogen auf Lottis *Missa a tre* diskutiert dieses Problem Norbert Dubowy in seinem Aufsatz *Bemerkungen zur Kirchenmusik von Antonio Lotti*, in: *Händel-Jahrbuch*, Kassel 2000, S. 94: „Die Instrumentalstimmen passen sich dem Duktus der Vokalstimmen an, verdoppeln diese auch des öfteren, doch zeigen instrumentale Motivwiederholungen und Sequenzbildungen, das dem Vokalsatz eine eigenständige Schicht hinzugefügt bzw. aus diesem herausgearbeitet ist. Im Ergebnis entsteht aus dem einfachen stile antico eine Variante des stile misto."

Mit fortschreitender Eigenständigkeit der Instrumentalstimmen nimmt die von Galuppi gehandhabte Art des *stile antico* immer mehr Züge des *stile misto* an.[205] Als Beispiel für diese Übergangssituation kann das zweite *Kyrie* aus dem als Einzelsatz überlieferten *Kyrie* D-Dur (I/16) aus dem Jahr 1758 dienen. Neben der Vokalbesetzung mit zwei Sopranen, einem Alt, einem Tenor und Bass ist der Satz mit Streichern, Oboen, die unisono mit den Violinen geführt werden, Trompeten sowie Basso continuo besetzt. Die Instrumente, im Duktus des kontrapunktischen Vokalsatzes gehalten, sind relativ selbstständig geführt und laufen nur in Ausnahmen colla parte mit den Vokalstimmen. Durch das Fehlen eigenständiger motivischer Elemente übernehmen sie lediglich die Funktion der Erweiterung der Klangebenen sowie die der harmonischen Stütze. (Bsp. 6, siehe S. 89 ff.) Das im Vokalpart imitatorisch eingeführte Motiv (siehe Bass, Takt 1-3) bleibt für den weiteren Verlauf der Vokalstimmen prägend, auch wenn statt des Originalmotivs häufig dessen Varianten und Abwandlungen erklingen.

Ähnlich angelegt ist die 1771 entstandene Psalmvertonung *Credidi* a-Moll (II/11), die in einem durchgehenden Satz vertont ist. Der Vokalsatz wird hier durch einen aus Streichern, zwei Trompeten und Basso continuo bestehenden Instrumentalsatz verstärkt. Die Instrumente werden vielfach colla parte mit den Vokalstimmen geführt, gewinnen aber auch durch motivisch unabhängige, meist figurative Abschnitte an Selbstständigkeit. (Bsp. 7, Takte 4/5, siehe S. 92) Wie im Fall des Satzes *Memor erit* aus dem *Confitebor* wird auch hier der Beginn eines neuen Verses häufig durch das imitatorische Einsetzen der Stimmen mit einem jeweils neuen Soggetto eingeleitet. Im Vergleich zu den vorangegangenen Beispielen, deren Vokalsätze eher von langen Notenwerten geprägt sind, fallen im *Credidi* die insgesamt schnelleren Notenwerte, punktierte Rhythmen und im Instrumentalsatz die figurative Ausgestaltung auf.

Eine unterschiedliche Gewichtung erhalten die aus Streichern und Basso continuo bestehenden Instrumentalparts im *Qui tollis* und *Crucifixus* der Messe d-Moll (I/6) von 1775. Im *Qui tollis* bilden die Instrumente ein harmonisch gleichförmiges, aus repetierenden Vierteln bestehendes Instrumentalgerüst, in das der imitatorisch einsetzende Vokalsatz eingebettet ist. Die Instrumente folgen der Vokalstimmenbewegung und füllen mit ihren Repetitionen, die von dem ersten Teil des Vokalsoggettos abgeleitet sind, die langen Notenwerte der Vokalstimmen aus (Bsp. 8, siehe S. 93 f.).

Während sich im *Qui tollis* die Instrumente eng an die vorgegebene Linie der Vokalstimmen halten, erreicht der Instrumentalpart im *Crucifixus* ein größeres Eigenge-

---

205 Eigentlich gehört als ein weiteres Merkmal zum *stile misto* die Beteiligung von Solostimmen: „[...] da bald eine, zwey, drey oder mehrere Stimmen mit untermischten Instrumenten concertieren, bald in vollem Chor sich hören lassen", so der Musiktheoretiker Johann Joseph Fux in seinem „Gradus ad Parnassum" (deutsche Übersetzung, Leipzig 1742). Zit. in: Claudia Valder-Knechtges, *Die Kirchenmusik Andrea Luchesis (1741-1801). Studien zu Leben und Werk des letzten kurkölnischen Hofkapellmeisters*, Beiträge zur rheinischen Musikgeschichte, 134, Berlin/Kassel 1983, S. 169.

wicht. Dadurch wird in diesem Satz ein verhältnismäßig eigenständiger Gegenpol zu dem Vokalsatz aufgebaut (Bsp. 9, siehe S. 94 f.). In der sechstaktigen Einleitung erscheint im konzertierenden Wechselspiel von 1. und 2. Violine das zweitaktige Instrumentalmotiv, das aus einer aufsteigenden, gebrochenen 4/6-Akkord-Linie besteht und sich sequenzierend, teilweise etwas abgewandelt, durch den gesamten Satz zieht. Die Instrumentaleinleitung, wie sie hier und im *Qui tollis* erscheint, unterstreicht die relativ selbstständige Rolle des Instrumentalparts.

Das gemeinsame motivische Element zwischen den gebrochenen, schnell aufstrebenden Akkordfolgen der Violinen und den engen Sekundbewegungen der paarweise in der Quinte einsetzenden Vokalstimmen bildet die klagende, durch einen Vorhalt besonders hervorgehobene, absteigende kleinen Sekunde als Ausdruck des Schmerzes. Hier zeigt sich wieder der textausdeutende Charakter der am *stile antico* bzw. *stile misto* orientierten Komposition.

Die angeführten Beispiele belegen, dass bei den zeitlich später entstandenen Werken eine Entwicklung sowohl zu einer verstärkten Beteiligung des Instrumentalparts als auch zu dessen Loslösung vom Vokalsatz erkennbar ist. Diese Entwicklung ist nicht zuletzt auf die Erweiterung des Galuppi zur Verfügung stehenden Orchesterapparates zurückzuführen, wie sie durch zwei Dekrete der Prokuratoren vom 8. Oktober und 13. Dezember 1765 festgestellt wurde: Parallel zur Reduktion der Chorstimmen von ehemals 36 auf 24, erfolgte die Aufstockung der Orchesterbesetzung auf 12 Violinen, 6 Violen, 4 Violoncelli, 5 Violoni, 4 Oboen und Flöten, 4 Hörner und Trompeten.[206] Dabei verbleibt der polyphone, meist in ruhig fließender Rhythmik der langen Notenwerte gehaltene Vokalsatz weiterhin im Vordergrund als Fundament des Ganzen. Entgegen den bereits oben erwähnten Merkmalen für *stile-antico*-Werke des 18. Jahrhunderts, Instrumente streng colla parte zu den Vokalstimmen zu führen, zeigt sich in den ab Ende der 50er Jahre entstandenen Werken Galuppis ein vom Vokalpart relativ unabhängiger Instrumentalsatz, dessen erhöhte Bedeutsamkeit für die gesamte Komposition in zunehmend detaillierteren Artikulationsangaben in den Partituren zum Ausdruck gebracht wird.[207]

---

206 Siehe I-Vas, *Procuratoria de Supra*, Registri 156, fol. 84v-85v sowie I-Vas, *Procuratoria de Supra*, Registri 156, fol. 85v-86v. Interessanterweise sind die Blasinstrumente im Text der Dekrete nicht paarweise aufgeführt, sondern als „4 Oboen und Flöten" und „4 Hörner und Trompeten" angegeben. Vermutlich hängt dies mit der gängigen Praxis zusammen, dass bei den Holzbläsern dieselben Musiker sowohl Oboe als auch Flöte spielten; auch bei den Blechblasinstrumenten waren es die gleichen Spieler, die neben Hörnern auch Trompeten geblasen haben.

207 Dass der Instrumentalklang und dessen Differenzierung auch früher eine wichtige Rolle in Galuppis Kompositionen spielte, ist schon während seiner Amtszeit am Ospedale dei Mendicanti deutlich geworden, als er 1750 der Leitung des Ospedale vorschlug, zwei Trombe de caccia in das Orchester aufzunehmen. Vgl. Giuseppe Ellero (Hrsg.): *Arte e Musica all'Ospedaletto. Schede d'archivio sull'attività musicale degli Ospedali dei Derelitti e dei Mendicanti di Venezia (sec. XVI-XVIII)*, Venedig 1978, S. 189.

Bsp. 4 *Magnificat* C-Dur (I/58) (T. 1-9)

Bsp. 5 *Magnificat* (T. 83-86)

Bsp. 6 *Kyrie* D-Dur (I/16)

Bsp. 7 *Credidi* **a-Moll (II/12)**

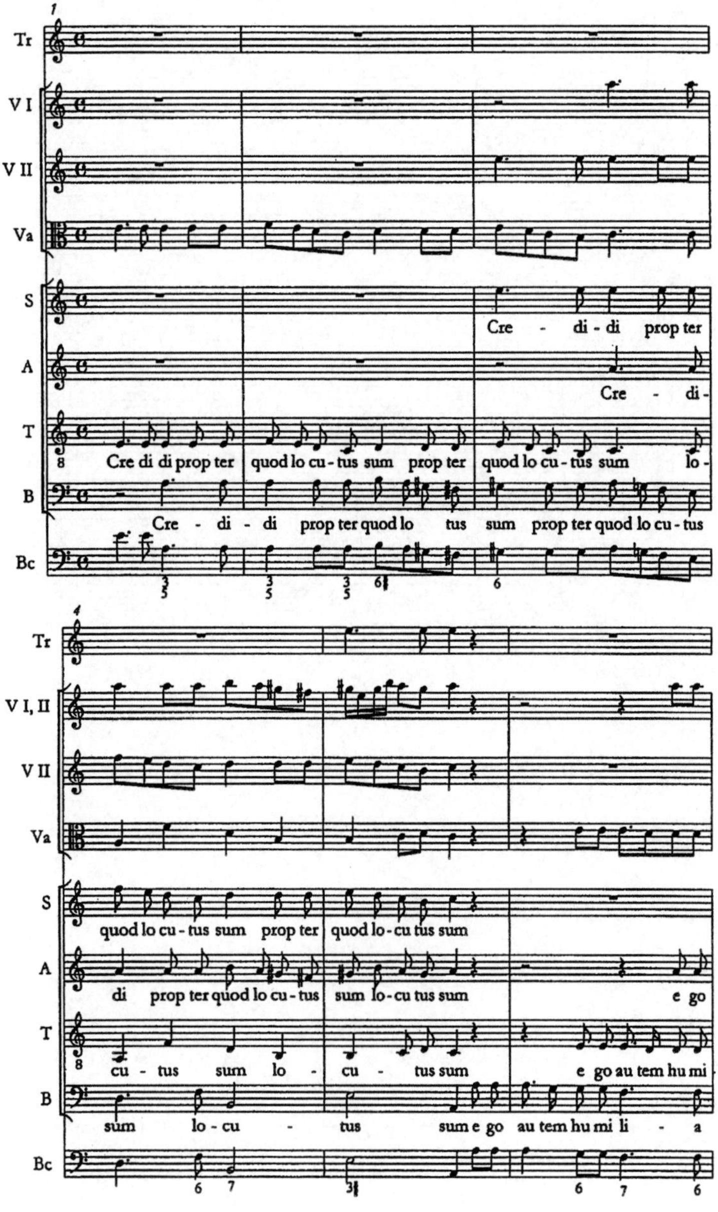

Bsp. 8 *Qui tollis* aus der Messe d-Moll (I/6)

Bsp. 9 *Crucifixus* aus der Messe d-Moll (I/6)

IV. Solistische Kirchenmusik im Vergleich: Motetti und Marianische Antiphonen

Die solistisch besetzten Motetti - „motetti a voce sola" - waren im 18. Jahrhundert Teil des liturgischen Repertoires der venezianischen Ospedali, in San Marco wurden sie hingegen nicht aufgeführt[208]. Zur Zeit Galuppis war diese Gattung, deren Herkunft bis heute nicht umfassend erforscht ist, bereits seit etwa anderthalb Generationen etabliert. Eine treffende Definition des „motetto a voce sola" lieferte der Galuppi-Zeitgenosse Johann Joachim Quantz:

> „In Italien benennt man, heutigen Tages, eine lateinische geistliche Solocantate, welche aus zwoen Arien und zweyen Recitativen besteht und sich mit einem Halleluja schließt, und welche unter der Messe, nach dem Credo, gemeiniglich von einem der besten Sänger gesungen wird[...]."[209]

Die hier beschriebene Gliederung der Motetti kann auch etwas abweichen, wenn das zweite Rezitativ in den Schluss der ersten Arie integriert oder ganz weggelassen ist. Die Arien haben eine Da-capo- oder Dal-segno-Form, beinhalten Rezitative und haben eine meist koloraturenreich gestaltete solistische Vokalpartie, wodurch eine gewisse Nähe der Gattung zur Oper hergestellt wird. Die Motetti gehörten ursprünglich zu den Repräsentationsstücken der Ospedali-Sängerinnen und waren teilweise speziell für deren stimmliche Möglichkeiten komponiert.[210]

Die lateinischen, nichtliturgischen Texte der Motetti sind Neudichtungen und stehen durch ihre Struktur, insbesondere durch die Gliederung in Rezitativ und Arie und ihre Versmaße in unmittelbarer Nähe zur italienischen Opern-, Kantaten- und Oratoriendichtung. Über die Textdichter dieser aus bukolischen, allegorischen und geistlichen Elementen bestehenden Libretti ist allerdings wenig bekannt, da die meisten Texte anonym überliefert sind. Die Textdichter mussten aber auf Grund der verschlüsselten theologischen Textinhalte zumindest über detaillierte Kenntnisse der christlichen Symbolik, Emblematik und Bilder verfügen – ein Indiz dafür, dass es sich bei den Textautoren mit hoher Wahrscheinlichkeit um Geistliche oder Angehörige höherer gebildeter Schichten handelte.[211] Vermutlich überließen die Dichter ihre Texte den Ospedali zunächst kostenlos, was aber nicht lange so blieb,

---

208 Vgl. TALBOT 1995, S. 91. Dass Solomotetti in San Marco nicht aufgeführt wurden, hing nach Meinung Talbots damit zusammen, dass so Rivalitäten zwischen den Sängern vermieden werden sollten, die eventuell durch Bevorzugung eines bestimmten Solisten hätten hervorgerufen werden können. Als einen weiteren Grund vermutet er eine tendenziell konservative Haltung der Prokuratoren, die eine Aufführung von Motetti verhinderte.

209 Johann Joachim Quantz, *Versuch einer Anweisung die Flöte traversiere zu spielen*, Berlin 1752, S. 288 (Anmerkung).

210 Vgl. Wolfgang Hochstein, *Solomotetten bei den Incurabili unter besonderer Berücksichtigung der Kompositionen Jomellis*, in: *Musik an den venezianischen Ospedali/Konservatorien vom 17. bis zum frühen 19. Jahrhundert*, hrsg. von Helen Geyer und Wolfgang Osthoff, Rom 2004, S. 322f.

211 Vgl. OVER 1998, S. 197f.

so dass später Texte immer häufiger mehrfach vertont werden mussten. Diese gedruckten, aber auch handschriftlichen Libretti wurden in Venedig an den Kirchentüren verkauft. [212]

Die von Johann Joachim Quantz erwähnte Einordnung der Motetti in der Messe nach dem Credo (als Ersatz für das Offertorium) war nur eine der vielfältigen Einsatzmöglichkeiten. Die Motetti dienten weiter als Ersatz für die fehlenden Propriums- und Ordinariumsteile in der Messe, aber auch zur musikalischen Begleitung in der stillen Messe. In den Vespern (an den Ospedali liturgische Veranstaltungen mit konzertähnlichem Charakter) ersetzten sie die Antiphonen zwischen den Psalmen. In Kurzvespern wurden sie zusammen mit ausgewählten Psalmen, gegebenenfalls dem Magnificat und der marianischen Antiphon verwendet. Darüber hinaus wurden Motetti zur Begleitung der *Esposizioni* (Sakraments- und Reliquienausstellungen) und als Einleitung des *Miserere* bei den *Quarant'ore* (vierzigstündiges Gebet in der Karwoche) eingesetzt, sowie als Intermezzo zur Ausfüllung von Pausen zwischen zwei liturgischen Handlungen. [213]

Galuppis Motetti sind zum größten Teil für solistischen Sopran geschrieben, für Alt hingegen sind nur zwei Motetti überliefert. Es müssen aber ursprünglich weitaus mehr davon vorhanden gewesen sein, da allein im Dresdener *Catalogo 1765* 14 Motetti für solistischen Alt aufgeführt werden, deren Partituren heute jedoch verschollen sind. Zwei Motetti, deren Zuweisung an Galuppi zweifelhaft ist, sind für solistischen Tenor notiert (*Ab unda algente* [Anh. 19] und *Dum refulget* [Anh. 21]), zwei weitere (*Sum nimis irata* [III/7] und *Non torrentes* [Anh. 24]) sowohl für Sopran als auch für Tenor (diese vier Motetti sind in Baldan-Partiturabschriften in der SLUB Dresden überliefert). Der Motetto *Sum nimis irata* ist in der Libretto-Sammlung „Devoti Sacri Concentus" (1748) verzeichnet und war für die Sopran-Solistin Geronima Tavani vorgesehen. Es liegt nahe, zu vermuten, dass diese Motetti ebenfalls ursprünglich in Sopran- oder Altlage komponiert und erst dann speziell für die Dresdener Bedürfnisse in die Tenorlage transponiert bzw. oktaviert wurden. [214] Wahrscheinlich blieb es auch nicht nur bei der oktavierenden Transponierung, sondern es wurden möglicherweise auch Änderungen in der Stimmführung vorgenommen. Da letztlich keine weiteren konkordanten Partituren vorhanden sind, kann diese These nicht verifiziert werden, da die Vorlagepartituren fehlen.

---

212 Vgl. ebda., S. 210.
213 Vgl. ebda., S. 144f.
214 Siehe dazu die Diskussion zu den tieferen Stimmlagen an den Ospedali im Kapitel II. 4. Zuordnung der Werke zu verschiedenen Institutionen.

1. SUM OFFENSA, SUM IRRATA D-DUR, 1747 (III/8)

Der mit Sopran solo, Streichern und Basso continuo-Begleitung besetzte Motetto *Sum offensa, sum irrata* [215] wurde für das Ospedale dei Mendicanti komponiert und ist in der Libretto-Sammlung *Rhythmi Sacri* (1747) unter den Kompositionen Galuppis verzeichnet. Sowohl in der Libretto-Sammlung als auch in der Partitur ist als Sopransolistin Geronima Tavani genannt, d.h. die Solopartie war für ihre individuellen sängerischen Fähigkeiten eingerichtet. Die Abfolge der Sätze entspricht dem Solomotetto-Schema Arie-Rezitativ-Arie-Alleluja. Der Textinhalt ist im Kontext der üblichen Kantatendramaturgie zu sehen: Die erste Arie stellt einen Konflikt vor, das Rezitativ enthält eine Art „Moralpredigt", die zweite Arie bietet die Konfliktlösung und der Motetto wird von einem jubelnden Alleluja beschlossen.[216]

Aria
Sum offensa sum irata
eia fortis amor meus
arcum tende vibra telum
cadat impius cadat reus
timor anime fatalis.

Cordis noto arrideat
Celum me furore acodio armata
per at illitam crudelis
sic exinde spe firmata
fides erit immortalis.

Recitativo
Quae loquor quei deliro
timor non est, qui amore
caeli turbat in me.
Hec dum aspiro ad summum dei favore

miserum cor non vides
quam brevis quam infirma sit in te fides
quid nunc agendum die
ah respondes cum verus fervet amor,

semper timore riget
sed nunc maior ab ipso affectus viget

ira sit ergo spera, exora plange, clama
fidem confirma tuam time ed ama.

---

215 Davon sind drei Quellen überliefert, die untereinander keine erheblichen Textdifferenzen aufweisen: D-Dlb, Mus. 2973-E-19 (Partiturabschrift), A-Wn, SA.67.D.48 (Partiturabschrift), I-Tf, 9.VI.28 (Stimmen- und Partiturabschrift).
216 Vgl. TALBOT 1995, S. 218.

Aria
Dum Philomena in ramo
cantando dicit amo
per auras dulce penas
metus infesti narat
mesta gemendo in se [spe?].

Sic quando umbra timoris
fit causa mei doloris
voces ad coelum spargit
metu et amore plenas
afflictus cor in me [te].

Alleluja

Bereits die ersten beiden Textverse der ersten Arie prägen deren affektiven Charakter: Zorn und Rache, aber auch Liebe durchziehen die Arie und widerspiegeln den inneren Zwiespalt der handelnden Person. Im folgenden Rezitativ, das inhaltlich einen Übergang zwischen den beiden Arien bildet, mündet das Selbstgespräch in ein Zwiegespräch mit Gott. Die hier manifestierte Stärke des Glaubens führt zur Beruhigung der Stimmung. In der zweiten Arie haben sich die Wogen bereits geglättet, es lodert kein Feuer mehr, süße Luft und Nachtigallgesang suggeriert inneren Frieden. Diesen gegenüber der ersten Arie gegensätzlichen Affekt symbolisiert hier das Bild der von Liebe singenden Nachtigall. Die Nachtigall hat in diesem Kontext jedoch nichts mit der arkadischen Welt zu tun, sondern ist vielmehr dem theologischen Fundament des Motetto erwachsen: Nach dem Symbolhandbuch von Filippo Picinelli aus dem Jahre 1669 wurden Vögel, besonders Singvögel, als Symbol v.a. für Prediger verwendet.[217]

In der musikalischen Umsetzung ist hier besonders die Textausdeutung in den Arien, deren formaler Aufbau einer fünfteiligen Da-capo-Arie (AA'BAA') entspricht, interessant. Worte bzw. Verse, die die Textaussage hervorheben, werden mehrfach wiederholt, wie z.B. die Verse 4 und 5 (*cadat impius cadat reus timor anime fatalis*) im 1. Soloabschnitt (A) der ersten Arie (D-Dur, ohne Tempoangabe). Hier wird insbesondere das Bild des Herabstürzens durch einen Oktavsprung g''- g' im Takt 77 und 79 bildhaft gezeichnet. Der illustrative Oktavsprung erhält im musikalischen Kontext sogar ein zusätzliches Gewicht, weil er durch die vorangegangene eintaktige Pause effektvoll eingeleitet wird. (Bsp.1)

---

217 Filippo Picinelli, *Mondo Simbolico formato d'imprese scelte, spiegate, ed illustrate con sentenze, ed eruditioni, sacre, e profane [...]*, Mailand 1669, Ucelli Lib. IV, Tortore Cap. LXIV, 548, vgl. OVER 1998, S. 187.

Bsp. 1

Ca - dat im-pi-us   ca - dat   re -

Eher unauffällig sind hingegen die übrigen *cadat*-Stellen gestaltet. Das Textwort *fatalis* wird durch die ausgedehnte Koloratur der Singstimme in den Takten 62 bis 75 hervorgehoben. Deren Untermalung mit Achtel- bzw. Vierteltremoli der Violinen sowie Achtelrepetitionen des Basso continuo bildet eine punktuelle Verdichtung der Klangsubstanz. Die gleichen Textschwerpunkte werden sowohl im weiteren Verlauf des ersten Soloabschnittes (Takte 77 bis 93), als auch im zweiten Soloabschnitt (A') (Takte 98 bis 149) gesetzt. Letzterer beinhaltet einige Änderungen gegenüber dem 1. Soloabschnitt: die Anfangsmelodik ist geringfügig abgewandelt und auch die Textabschnitte erfahren eine neue Zusammenstellung, indem einige Versabschnitte als Versatzstücke ihre Positionen gegeneinander austauschen: *Sum offensa arcum arcum tende | Sum irata vibra vibra telum | Eia fortis amor meus | arcum tende cadat impius | vibra telus cadat reus | timor anime fatalis.*

Im B-Teil der Arie (Takte 158 bis 178) wird das Wort *immortalis* mit einer Koloratur verziert (Takte 169 bis 173), womit der Akzent der Textaussage auf die Unsterblichkeit des Glaubens gesetzt und damit Wut und Zorn, die eigentliche Hauptaussage der ersten Arie, vorübergehend verdrängt werden. Das folgende da capo des ersten Arienteils stellt dann den ursprünglichen Affekt wieder her.

Auch im Rezitativ sind die Möglichkeiten der zusätzlichen Vertiefung und Verdeutlichung von Textaussagen durch deren musikalische Entsprechungen vielfach realisiert worden. Wo im zweiten Vers des Rezitativs die Rede von einer Antwort Gottes ist - *ah respondes*, Takte 19 und 20 -, wartet das Rezitativ mit einer Art Dialog zwischen Singstimme und Instrumentalbegleitung auf, indem die Vokalstimme nach ihrer den Tonraum einer verminderten Quinte unsicher abtastenden Replik für einen Takt verstummt und die einsetzenden Instrumente, in erster Linie die Violinen, die Antwort übernehmen (Bsp. 2). Gegen Ende des Rezitativs (Takt 26 bis 28) wird im Instrumentalpart die spätere Textaussage, die ab Takt 29 mit *Ira sit ergo spera exora plange clama fidem confirma tuam time ed ama* folgt („gäbe es Zorn, dann hoffe, flehe, klage, schreie, deinen gefestigten Glauben fürchte und liebe"), tonmalerisch vorweggenommen: über zwei Oktaven herabstürzende Vierundsechzigstel-Passagen der Violinen, kurzatmige dreitönige Sechzehntelgruppen, die auf schwacher Taktzeit einsetzen und keinen Halt finden, Dreiklangsbrechungen (Takte 26, 29), oder engmaschige, dreitönige Seufzerketten (Takte 27 bis 28, 30 bis 32) bieten ausdrucksstarke Tondeutungen der entsprechenden Textpassagen.(Bsp. 3)

Bsp. 2

Bsp. 3

Eine individuelle Besonderheit der zweiten Arie (G-Dur, Andantino) ist die Imitation einer Nachtigallenstimme, die durch einen punktierten Rhythmus und nachfolgende Sechzehntelrepetitionen nachgeahmt wird. Neben den beiden Violinen wird hier eine zusätzliche obligate Violine verwendet, die die Nachtigallimitation zum ersten Mal in den Takten 6 bis 12 in einem Solo vorträgt (Bsp. 4)

Bsp. 4

In der folgenden Koloratur auf *amo* (Takte 30 bis 38) wird die Imitation der Vogelstimme in einem Dialog der konzertierenden Violine und des Soprans, jeweils im taktweisen Wechsel, aufgenommen (Bsp.5). Dieser Dialog wird auch in den nächsten Takten (49 bis 53) sowie in der Koloratur auf *cantando* (zweiter Soloabschnitt, Takte 67 bis 71) fortgesetzt.

Bsp. 5

Das Textwort *cantando* findet seine musikalische Nachgestaltung in einer punktierten Vorhalt-Kette aus Sechzehnteln und Zweiunddreißigsteln (Takte 27 und 65), wie sie in Koloraturen und Kadenzen häufig vorkommen (Bsp. 6).

Bsp. 6

Bestimmte Verse werden auch hier mindestens zweimal wiederholt (so die Verse 1 und 2: *Dum Philomena in ramo cantando dicit amo*, Vers 4: *metus infesti narat* und Vers 5: *mesta gemendo in se*).

Im B-Teil der zweiten Arie, in dem es um Liebesschmerz geht, wird folgerichtig der Kernbegriff *dolor* besonders hervorgehoben, indem eine Koloratur dieses Wort in den Mittelpunkt rückt. In Vorwegnahme der textlichen Vorgabe *afflictus cor in me* (Takt 127) begleiten bereits ab Beginn des B-Teils (Takt 116) unruhig schlagende Sechzehntelrepetitionen die Singstimme als musikalische Umsetzung des erregten Herzschlages. Nachdem *afflictus* im Text der Vokalstimme erscheint, erlischt der Pulsschlag der Streicherbegleitung. Die letzten beiden Verse, die die Textaussage besonders unterstreichen, werden jeweils zweimal wiederholt (*metu et amore plenas afflictus cor in me*).

Im abschließenden Alleluja (D-Dur, ohne Tempoangabe), das eine einfach gehalte-ne zweiteilige Anlage aufweist (entsprechend dem A-Teil einer Da-capo-Arie), wer-den Motive aus der Instrumentaleinleitung (vor allem aus den Takten 1 bis 5, Bsp. 7) wieder aufgenommen und im weiteren Verlauf in immer neuen Varianten ge-zeigt. Jedoch ist das musikalische Material weit weniger farbig gestaltet, als in den beiden vorangegangenen Arien. Wie auch im gesamten Motetto werden hier Sop-ran und Violinen häufig unisono geführt, Viola und Basso continuo haben dagegen ausschließlich Begleitfunktion. Strahlendes D-Dur, Dreiertakt und verdichteter Satz zeichnen hier die finale Lobpreisung aus.

Bsp. 7

Die Singstimme und der Instrumentalpart treten in dem Motetto als gleichberechtigte Partner auf: In den Arien nimmt die Singstimme teilweise Motive aus der Instrumentaleinleitung auf, an einigen Stellen werden beide auch colla parte zusammengeführt, teilweise tritt aber auch die Instrumentalbegleitung hinter der Singstimme zurück.

Insgesamt ist festzustellen, dass sich Galuppi mit seinen Motetto-Kompositionen an die Tradition der um die Mitte des 18. Jahrhunderts an den venezianischen Ospedali üblichen Form der *motetti a voce sola* anlehnt. Besonderes Augenmerk legt er auf die detaillierte musikalische Textausdeutung der freigedichteten lateinischen Libretti. Die Vokalpartien sind durch zahlreiche Koloraturen äußerst virtuos gestaltet und repräsentieren einerseits das hohe sängerische Niveau der Gesangssolistinnen an den Ospedali dei Mendicanti und degl'Incurabili während Galuppis dortiger Amtszeit als *maestro di coro*, verleugnen andererseits aber auch nicht den Opernkomponisten Galuppi.

2. DIE MARIANISCHEN ANTIPHONEN

Die vier marianischen Antiphonen *Alma Redemptoris Mater, Ave Regina caelorum, Regina coeli, Salve Regina* gehören zusammen mit den Motetti zur solistisch besetzten Kirchenmusik der venezianischen Ospedali. Sie erklangen zu bestimmten Zeiten des Kirchenjahres im Stundengebet am Ende der Complet oder Vesper. *Alma Redemptoris Mater:* 1. Adventssonntag bis Mariae Lichtmeß (2. Februar), *Ave Regina caelorum:* Mariae Lichtmeß bis Gründonnerstag, *Regina coeli:* Ostersonntag bis Freitag der Pfingstoktav, *Salve Regina:* 1. Sonntag nach Pfingsten bis Samstag vor dem 1. Advent.

Im Gegensatz zum moderneren Texttypus der freigedichteten Libretti der Motetti liegt den marianischen Antiphonen jeweils ein festgelegter liturgischer Text älteren Ursprungs zugrunde. Das *Alma redemptoris mater* ist zusammen mit dem *Salve Regina* eine der ältesten, heute gebräuchlichen marianischen Antiphonen. Nachgewiesen ist das *Alma redemptoris mater* erstmals in einem französischen Antiphonar des Pariser Klosters St. Maur-des-Fossés aus dem 12. Jahrhundert,[218] wobei der Text wahrscheinlich schon im Frankreich der späten Karolingerzeit bekannt war. Als Verfasser des Textes galt lange Zeit der Mönch Hermannus Contractus (er starb 1054), dessen Autorschaft allerdings in letzter Zeit stark bezweifelt wird.[219]

---

218 Andreas Heinz, *Die marianische Schlußantiphon im Stundengebet,* in: Martin Klöckener und Heinrich Rennings (Hrsg.), *Lebendiges Stundengebet. Vertiefung und Hilfe,* Freiburg u.a. 1989, S. 348, zit. in: Ulrike Aringer-Grau, *Marianische Antiphonen von Wolfgang Amadeus Mozart, Johann Michael Haydn und ihren Salzburger Zeitgenossen,* Tutzing 2002, S. 26.

219 Pörnbacher, Mechthild, Art. *Alma redemptoris mater quae pervia caeli Porta manes,* in: Marienlexikon, hrsg. im Auftrag des Institutum Marianum Regensburg e.V. von Remigius Bäumer und Leo Scheffczyk, 6 Bände, St. Ottilien 1988-1994, Bd. I, S. 104, zit. in: Aringer-Grau, S. 26.

Den längsten Text unter den marianischen Antiphonen hat das *Salve Regina,* für den mehrere Verfasser in Frage kommen. In der Forschung werden Hermannus Contractus, Bischof Petrus Martínez de Mansoncio von Compostella, der heilige Bernhard von Clairvaux, Adehemar von Monteil, Bischof von Le Puy-en-Velay genannt, jedoch ohne eindeutige Zuordnung. Der Text selbst entstand im 11. Jahrhundert, wurde aber erst ab dem 12. Jahrhundert schriftlich überliefert.[220]

Jüngerer Herkunft sind das *Ave regina coelorum* und das *Regina coeli,* wobei ersteres ebenfalls in der französischen Handschrift aus St. Maur-des-Fossés belegt ist und ursprünglich Bestandteil eines Reimofficiums war.[221] Der kürzeste Text der marianischen Antiphonen, das *Regina coeli,* ist erstmals als Antiphon nach dem Magnificat der Oktav von Ostern in einem Römischen Antiphonar von St. Peter nachweisbar. Die Antiphon wird in die erste Hälfte des 13. Jahrhundertes, frühestens 1171 datiert.[222] Die *Legenda aurea* schildert die himmlische Überlieferung des Textes durch Engel an Papst Gregor während einer Bittprozession in Rom. Verbreitet wurde der Text, dessen Verfasser unbekannt ist, durch den Franziskaner Haymo van Faversham (gest. 1244).[223]

Die Texte weisen jeweils unterschiedliche Strukturen auf: das *Alma Redemptoris* und das *Salve Regina* haben beide eine freie Versstruktur, das *Ave Regina* besteht aus regelmäßigen Acht- und Neunsilblern in Paarreimen. Im *Regina coeli* schafft die Wiederholung des *Alleluja* am Ende eines jeden Verses eine rhythmische Struktur.

Alma redemptoris
1 Alma Redemptoris Mater, quae pervia caeli porta manes,
2 Et stella maris, succurre cadenti, surgere qui curat populo:
3 Tu quae genuisti, natura mirante, tuum sanctum genitorem,.
4 virgo prius ac posterius, Gabrielis ab ore sumens illud Ave,
peccatorum miserere.

Salve Regina
1 Salve Regina, Mater misericordiae vita, dulcedo, et spes nostra, salve.
2 Ad te clamamus, exsules, filii Hevae.
3 Ad te suspiramus, gementes et flentes in hac lacrumarum valle.
4 Eia ergo, advocata nostra, illos tuos misericordes oculos ad nos converte.
5 Et Jesum, benedictum fructum ventris tui, nobis post hoc exsilium ostende.
6 O clemens, O pia, O dulcis virgo Maria.

Ave Regina
1 Ave Regina caelorum,
2 ave Domina Angelorum:

220 Aringer-Grau, S. 30.
221 Heinz, *Marianische Schlußantiphon,* S. 350, zit. in: Aringer-Grau, S. 27.
222 Dietmar von Huebner, Art. *Regina caeli.* I. Musikwissenschaft, in: Marienlexikon Bd. 5, S. 435 und Theodor Maas-Ewerd, Art. *Regina caeli.* Liturgiewissenschaft, in: Marienlexikon Bd. 5, S. 437, zit. in: Aringer-Grau, S. 29.
223 Heinz, *Marianische Schlußantiphon,* S. 352, zit. in: Aringer-Grau, S. 29.

³ Salve radix, salve porta,
⁴ ex qua mundo lux est orta:
⁵ Gaude Virgo gloriosa,
⁶ Super omnes speciosa,
⁷ Valle, o valde decora,
⁸ et pro nobis christum exora.

Regina coeli
¹ Regina coeli laetare, alleluia:
² quia quem meruisti poertare, alleluia:
³ resurrexit, sicut dixit, alleluia:
⁴ Ora pro nobis Deum, alleluia.[224]

Untersucht man die heute noch vorhandenen marianischen Antiphonen Galuppis hinsichtlich ihrer Textdistribution, so zeigt sich, dass die einzelnen Sätze häufig unabhängig von der eigentlichen Versaufteilung gestaltet sind. In den beiden überlieferten *Alma Redemptoris*-Kompositionen unterteilt Galuppi die vier Verse in drei Sätze:

1. Satz: *Alma Redemptoris*	1. und 2. Vers
2. Satz: *Tu quae genuisti*	3. und erste Hälfte des 4. Verses
3. Satz: *Sumens illud Ave*	zweite Hälfte des 4. Verses

Ebenfalls in drei Sätze untergliedert ist das *Ave Regina*:

1. Satz: *Ave Regina*	1. bis 4. Vers
2. Satz: *Gaude virgo*	5. und 6. Vers
3. Satz: *Valle o valde*	7. und 8. Vers

Von Galuppis *Regina coeli*-Kompositionen ist heute nur noch ein Werk erhalten, welches drei Sätze enthält.

1. Satz: *Regina coeli*	1. und 2. Vers
2. Satz: *Resurrexit*	3. Vers
3. Satz: *Ora pro nobis*	4. Vers

Ob es Ausnahmen von diesem Form- bzw. Gliederungstypus der textlich komprimierten musikalischen Dreisätzigkeit bei Galuppi gibt, lässt sich auf Grund der Quellenlage nicht mit Sicherheit sagen. Feststeht, dass unter den Kompositionen von Galuppis Zeitgenossen, die auch an den venezianischen Ospedali gewirkt haben, sowohl drei- als auch viersätzige Formen zu finden sind.[225]
Die sechs von Galuppi erhaltenen *Salve Regina*-Kompositionen sind in drei- bis fünfsätzigen Formen überliefert. Kompositionen seiner Zeitgenossen, die ebenfalls

---

224 Die Texte sind dem Liber Usualis entnommen.
225 OVER 1998, S. 97. Dreisätzige *Regina coeli*-Kompositionen sind zu finden z.B. bei Antonio Sacchini (1730-1786), viersätzige Formen z.B. bei Niccolò Porpora (1696-1768).

an den venezianischen Ospedali tätig waren, zeigen mit drei bis sechs Sätzen eine ähnliche Vielfalt in der Gestaltung von *Salve Regina*-Vertonungen.[226]

1. Satz: *Salve Regina*	1.bis 3. Vers
2. Satz: *Eia ergo*	4. Vers
3. Satz: *Et Jesum*	5. und 6. Vers

1. Satz: *Salve Regina*	1. Vers
2. Satz: *Ad te clamamus*	2. und 3. Vers
3. Satz: *Eia ergo*	4. Vers
4. Satz: *Et Jesum*	5. und 6. Vers

1. Satz: *Salve Regina*	1. bis 3. Vers
2. Satz: *Eia ergo*	4. Vers
3. Satz: *Et Jesum*	5. Vers
4. Satz: *O clemens*	6. Vers

1. Satz: *Salve Regina*	1. Vers
2. Satz: *Ad te clamamus*	2. Vers
3. Satz: *Ad te suspiramus*	3. Vers
4. Satz: *Eia ergo*	4. und 5. Vers
5. Satz: *O clemens*	6. Vers

Die einzelnen Verse der marianischen Antiphonen sind fast ausschließlich in fortlaufenden Arienfolgen komponiert. Gelegentlich erscheinen sie aber auch als Accompagnato-Rezitative, besonders wenn die Texte imperativen Charakter aufweisen[227], wie z.B. das *Gaude virgo* im *Ave Regina* von 1774 (II/67), das *Eia ergo* im *Salve Regina* von 1746 (II/69) und das *Et Jesum* im *Salve Regina* von 1774 (II/72) und 1775 (II/73). Auffallend ist die Verwendung von immer denselben Textworten für Koloraturen bzw. längere Melismenabschnitte, um deren sinngebende Schlüsselstellung hervorzuheben, so z.B. in den *Salve Regina*-Vertonungen die Worte *Salve* (erster Vers), *clamamus* (zweiter Vers), *valle* (dritter Vers) und *converte* (vierter Vers).

Die Arien weisen überwiegend eine zweiteilige Form auf. In der instrumentalen Einleitung werden ein oder gelegentlich zwei musikalische Gedanken exponiert, die zur Quelle des thematischen Materials der Arie werden. Häufig sind es zwei motivisch gleiche Abschnitte, die als eine Periode mit Vorder- und Nachsatz angelegt sind. Dieses Anfangsmotiv wird dann entweder von der Singstimme und den Violinen gemeinsam oder nur von den Violinen aufgenommen und mit weiteren Elementen aus der Einleitung verarbeitet. Das folgende Instrumentalzwischenspiel, das häufig ebenfalls eine Reminiszenz des Anfangsmotivs darstellt, trennt den ers-

---

226 OVER 1998, S. 98. Dreisätzige *Salve Regina*-Kompositionen sind zu finden z.B. bei Ferdinando Bertoni (1725-1813), viersätzige Formen z.B. bei Johann Adolf Hasse (1699-1783), fünfsätzige Formen z.B. bei Niccolò Porpora (1696-1768), sechssätzige Formen z.B. bei Antonio Sacchini (1730-1786).

227 OVER 1998, S. 99.

ten vom zweiten Arienteil. Zu Beginn des zweiten Teils werden gelegentlich wieder das Anfangsmotiv und der Anfangstext aufgenommen. Das abschließende instrumentale Nachspiel zitiert meist den Schlussteil der Instrumentaleinleitung. In der Besetzung gleichen die marianischen Antiphonen den Motetti. Sie besteht aus solistischem Sopran oder Alt, Streichern und einer Basso-continuo-Begleitung. Die beiden Violinen werden meist unisono oder colla parte geführt, die Viola läuft parallel zum Basso continuo, der in der Regel mit Orgel, Cello oder Kontrabass besetzt ist. Solistische Instrumente werden selten verwendet.

Eine Besonderheit sowohl in Bezug auf Besetzung als auch solistisches Hervortreten der Instrumente bietet das *Salve Regina* A-Dur von 1775 (II/73). Die Viola ist hier doppelt besetzt und sie teilt sich im Eingangssatz *Salve Regina* und im Schlussteil des letzten Satzes *Et Jesum benedictum* die konzertierende Funktion mit den Violinen.

Eine Erweiterung der üblichen Besetzung durch zusätzliche Bläserstimmen findet sich in zwei *Salve Regina*-Kompositionen (*Salve Regina* G-Dur [II/70] und *Salve Regina* A-Dur [II/74]). Ihr Anteil an aktiver Mitgestaltung des Satzes fällt jedoch unterschiedlich aus: während im *Salve Regina* A-Dur (II/74) die Hörner und Oboen nur sehr selten in Form von kurzen, harmonieunterstützenden Einwürfen auftauchen, sind die Oboen und Trompeten im *Salve Regina* G-Dur (II/70) in reinen Instrumentalabschnitten der ersten beiden Arien viel häufiger präsent (in den Vokalteilen pausieren sie). Dabei werden die Oboen mit den Violinen unisono geführt und die Trompeten unterstützen den Bass.

3. SALVE REGINA A-DUR, 1775 (II/73) [228]

Diese marianische Antiphon für solistischen Sopran, Violinen, zwei Violen und Basso continuo stammt laut Titelblatt der autographen Partitur[229] aus dem Jahre 1775 und wurde für das Ospedale degl'Incurabili komponiert. Auf der ersten Parturseite ist der Name der Sopransolistin Angiela Malgarisi vermerkt.

In dem dreisätzigen *Salve Regina* wird im Instrumentalvorspiel der ersten Arie (A-Dur, Andantino) das Thema zuerst von den beiden Violen exponiert und danach von den Violinen aufgenommen (Bsp. 1).

---

228 Als Analysebeispiel wurde dieses *Salve Regina* ausgewählt, da hier auf Grund der autographen Überlieferung die Authentizität gesichert ist. Außerdem sind von dieser Gattung sechs Werke Galuppis erhalten, womit eine breitere Vergleichsgrundlage für stilistische Elemente gegeben ist.

229 I-Gl, N.1.5.11. (Sc.38). Eine weitere Partiturkopie befindet sich in der Französischen Nationalbibliothek Paris F-Pn, D. 4262 (4).

Dieses dialogisierende Wechselprinzip zwischen konzertierenden Violinen und Violen wird im weiteren Verlauf der ersten Arie beibehalten (Vgl. die Takte 9-20, 42-45, 64-71, 86-89) (Bsp. 2).

Bsp. 2

Der Einsatz des Soprans (Takt 27) mit dem Textwort *Salve* beginnt mit einem langen Ausharren der Vokalstimme über drei Takte auf der ersten Wortsilbe, während die Violen dazu erneut das Anfangsthema erklingen lassen (Bsp. 3).

Bsp. 3

Eine ähnliche Behandlung des Wortes *Salve* (d.h. Dehnung auf gleichbleibender Tonhöhe über mehrere Takte) zu Beginn der 1. Arie findet sich auch bei anderen Komponisten in Galuppis Umfeld, wie z.B. in den beiden von Johann Adolf Hasse überlieferten *Salve Regina*-Vertonungen G-Dur und D-Dur in der SLUB Dresden.[230] Die erste Arie beinhaltet die ersten drei Text-Verse. Dabei trennt ein Instrumentalzwischenspiel den ersten Vers, der den Gruß an Maria enthält, vom zweiten und dritten Vers, der Anrufung. Um die Textaussage des ersten Verses hervorzuheben, ist auf dem Kernbegriff *Salve* eine ausgedehnte Koloratur ausgeführt (Takte 56-60) (Bsp.4).

---

230 D-Dl Mus. 2477-E-29 und D-Dl Mus. 2477-E-12.

Bsp. 4

Im Vokalpart innerhalb der rascheren zweiten Arie (D-Dur, Allegro, Vertonung des vierten Verses) wird ein ähnliches Verfahren wie in der ersten Arie angewandt: das Wort *advocata* bleibt für längere Zeit auf einer Tonebene liegen (Bsp. 5) und wird von den Violinen begleitet, die das Thema der Instrumentaleinleitung wieder aufgenommen haben.

Bsp. 5

Dieser Abschnitt kehrt im weiteren Verlauf der Arie an den entsprechenden Textstellen, d.h. den Textwiederholungen, noch zweimal wieder (Takte 29 bis 31, 76 bis 78). Der Versaussage folgend („Wohlan denn, unsere Fürsprecherin, wende deine barmherzigen Augen uns zu")[231] liegen die Koloraturen bzw. längeren Melismenabschnitte in dieser Arie auf *converte* (Takte 39 bis 48, 55 bis 58, 59 bis 64, 88 bis 90, 106 bis 111).

Ein Spezifikum der letzten Arie (A-Dur, Larghetto) ist der Einbau mehrerer rezitativischer Abschnitte. Hier folgt auf die kurze Instrumentaleinleitung (Takte 1 bis 6) ein dreitaktiges Rezitativ (Takte 7 bis 9), in dem bereits die erste Hälfte des fünften Verses vertont wird. Dann wird die Instrumentaleinleitung, diesmal auf der Dominante E-Dur, wiederholt (Takte 10 bis 15), worauf der zweite Teil des fünften Verses wieder in Form eines Rezitativs erklingt, das jedoch nicht mit dem ersten Rezi-

---

231 Die deutsche Übersetzung ist dem Stundenbuch für die katholischen Bistümer des deutschen Sprachgebietes, Freiburg 1978, entnommen.

tativ korrespondiert, sondern eigenes musikalisches Material bringt (Takte 16 bis 18, Bsp. 6).

Bsp. 6

Der zweite rezitativische Abschnitt mündet in eine zweiteilige Arie (ab Takt 19, A-Dur), deren Beginn allerdings das Einleitungsthema nicht wieder aufnimmt. Im ersten Arienteil wird der sechste Vers vertont, der zweite Arienteil behandelt den ersten und Teile des zweiten sowie dritten Verses in einer neuen Textkombination als eine Art Zusammenfassung und Abrundung: *Salve Regina vita dulcedo mater misericordiae spes nostra* (erster Vers) und *Ad te clamamus* (zweiter Vers) *gementes et flentes* (dritter Vers) *mater, Regina, spes nostra* (erster Vers). Den eigentlichen Abschluss bildet dann wieder der sechste Vers.[232] Als Reminiszenz zum Beginn des *Salve Regina* wird die Viola hier wieder für einen kurzen Moment (in den Takten 40 bis 44) zweistimmig geführt. Diesmal aber nicht wie im Eingangssatz in konzertierender Funktion, sondern beide Violen werden colla parte mit den Violinen geführt.

Im Vergleich zu den Motetti sind die marianischen Antiphonen trotz ihrer ebenfalls solistischen Vokalbesetzung bedingt durch die Textinhalte weniger virtuos gehalten. Die einzelnen Verse der liturgischen Texte sind hier fast ausschließlich in fortlaufenden Arienfolgen komponiert, welche im Gegensatz zu den Motetti keine dacapo-Form aufweisen, sondern in der Regel zweiteilig gestaltet sind. Wie auch bei den Motetti werden hier ebenfalls zentrale Textworte durch längere Melismenabschnitte bzw. Koloraturen hervorgehoben.

---

232 Diese Art des Wiederholens der ersten Verse im Schlusssatz kennzeichnet auch das *Salve Regina* G-Dur von 1746 (II/69).

V. Liturgische Musik in der Karwoche am Ospedale dei Mendicanti: Passio secundum Joannem" – eine Passion für Frauenstimmen

Unter Galuppis liturgischer Kirchenmusik ist eine Passion mit dem biblischen Text der Leidensgeschichte Jesu aus dem Johannes-Evangelium erhalten. Die zahlreiche Korrekturen enthaltende autographe Partitur ist mit der Überschrift „Ad Majorem Dei Gloriam" – „Zur größeren Ehre Gottes" versehen, die sonst auf keiner von Galuppis autographen Partituren zu finden ist. Diese Johannespassion, die in der Karfreitagsliturgie aufgeführt wird, ist bisher der einzige Beleg für ein Werk Galuppis aus der Gattung der liturgischen Passion und fällt vor allem wegen ihrer Besetzung mit solistischen Frauenstimmen und Basso-continuo auf. Es könnte ein Hinweis darauf sein, dass die Passion für das Ospedale dei Mendicanti komponiert worden ist. Da Galuppi ab 1750 vom Schreiben von Passionen für das Ospedale dei Mendicanti befreit war, müsste demzufolge diese undatierte Passion vorher entstanden sein.[233]

Die einzelnen Personen sind mit folgenden Stimmlagen besetzt:

Textus (Evangelist) – Sopran

Jesus – Alt

Pilatus – Alt

Petrus – Alt

Ancilla Ostiaria (Magd und Türsteherin) – Sopran

Nur die Turba-Chöre sind mehrstimmig mit Sopran, Alt, Tenor und Bass sowie Basso-continuo besetzt. Weil zu Galuppis Zeit (und bis heute) die Vorschrift galt, dass vom Gloria der Messe am Gründonnerstag bis zum Gloria der Osternacht die Orgel in der Kirche nicht gespielt werden durfte, musste für diese Passion ein anderes Generalbassinstrument (Cembalo, Violoncello, Violone, Kontrabass, Fagott, Laute) eingesetzt worden sein.

Galuppi schließt mit seiner Passionsvertonung an eine Gattungstradition an, die sich allmählich bis zum 16. Jahrhundert herausgebildet hatte. Im 13. Jahrhundert wurde die zunächst von nur einer Person auf einem Rezitationston vorgetragene Passion auf drei verschiedene Sänger verteilt, diese bestimmte Rezitationstöne zugeordnet waren: ein Sänger rezitierte den Erzähler, ein zweiter Jesus und ein dritter war für die übrigen Einzelpersonen (Soliloquenten) und Gruppen (Turbae) zuständig. Diese zunächst einstimmigen Vertonungen im Lektionston wurden im Laufe des 15. Jahrhunderts durch die mehrstimmige Gestaltung der Turbae erweitert, später kamen auch andere Textpassagen hinzu. In Bezug auf diese mehrstimmigen Abschnitte sind im 16. Jahrhundert vier Gruppen zu unterscheiden:

1. nur die Turbae sind mehrstimmig;
2. Turbae und Soliloquenten (ohne Jesusworte) sind mehrstimmig;

---

233 Laut einem Archivvermerk siehe I-Vire, MEN B. 6, n. 6135, Eintrag vom 24. 2. 1749 (m.v.) in: Over 1998, S. 51, Anm. 1.

3. der responsoriale Typus, der etwa ab 1540 erscheint, setzt alle direkten Reden, also auch die Jesusworte, mehrstimmig um;

4. der Passionstext ist vollständig nach einem einzigen Evangelisten durchkomponiert.

Zentrum der mehrstimmigen lateinischen Passion war seit Mitte des 16. Jahrhunderts vor allem der lombardisch-venezianische Raum in Oberitalien. Nach den Reformen des Tridentinischen Konzils (1545-1563) gab es für die Passion seit der zweiten Hälfte des 16. Jahrhunderts jedoch wieder die Tendenz zu einem schlichten homophonen Satz mit Beibehaltung des liturgischen Rezitationstones. Noch im 18. Jahrhundert wurden in Italien responsoriale Passionen des alten Stils weiter gesungen, die aber bereits durch Passionen mit konzertierenden Instrumenten ergänzt wurden.[234]

Die Geschichte der liturgischen Passion für Italien des 17. und 18. Jahrhunderts ist bisher kaum im Detail erforscht. Gerade deshalb kommt Galuppis Komposition nicht nur als Passion mit Generalbassbegleitung im rezitativischen Stil, sondern auch durch ihre Besetzung und musikalische Faktur eine zentrale Bedeutung zu.

Galuppi setzt die Erzählung des Textus fast vollständig als einfaches Rezitativ (recitativo semplice) um, bei dem die Generalbassbegleitung überwiegend aus Ganztaktnoten besteht. Nur die sechs Takte des Exordiums am Anfang der Passion sind arios ausgeweitet. Am Ende des Exordiums (*Passio Domine nostri Jesu Christi*) bildet eine Kadenz eine Zäsur gegenüber dem sich anschließenden Rezitativ (*In illo tempore*). (Bsp. 1)

Bsp. 1

234 Kurt von Fischer, Art. *Die Mehrstimmige Passion*, in: *MGG*, Bd. 7, 1997, S. 1456-1462, sowie Günter Massenkeil, *Die Passion bis zum 17. Jahrhundert*, in: *Handbuch der musikalischen Gattungen* Bd. 10: *Oratorium und Passion*, 2 Bde., Laaber 1998, S. 5-43.

Im Gegensatz zum Text des Evangelisten sind die direkten Reden von Jesus, Pilatus, Petrus und der Ancilla Ostiaria in aufgelockerten ariosen Sätzen gestaltet. Das ariose Moment wirkt sich aber auch auf die sonst üblichen einfachen Rezitative des Textus aus, in dem die Abschnitte, in denen er die Reden von Jesus ankündigt, eine melodisch und harmonisch bewegtere Form aufweisen. (Bsp. 2)

Bsp. 2

Als Höhepunkt der ariosen Satzgestaltung hebt sich als einzige dramatisch bewegte Episode der Passion die Jesus-Rede „*Non haberes potestatem adversum me ullam, nisi tibi datum esset desuper. Propterea, qui me tradidit tibi majus peccatum habet.*"[235] durch ihre auffällige Textausgestaltung mit Sechzehntelketten im Basso continuo sowie punktierte Rhythmik und hastige Sechzehntel bzw. Zweiunddreißigstel der Singstimme ab (Bsp. 3).

Bsp. 3

---

235 „Du hättest keine Macht über mich, wenn sie dir nicht von oben gegeben wäre. Darum hat der, welcher mich dir überlieferte, eine größere Schuld."

An der zentralen Stelle der Passion, die das Sterben Jesu behandelt (Jesus: *„Consummatum est"*, Textus: *„Et inclinato capite tradidit spiritum."*), wird der Text durch die f-Moll-Tonart des Jesus-Abschnittes sowie durch die instabile Tonalität des ariosen Textus-Parts, der in B-Dur beginnt und in G-Dur endet, illustriert (Bsp. 4). Nach dieser Stelle wird die Lesung durch das Niederknien der Gemeinde unterbrochen. In der Partitur ist dazu die entsprechende Notiz vermerkt: *qui si ferma.*

Bsp. 4

Die in der Partitur durchnummerierten Turbae vertont Galuppi als einfache, homophone, vierstimmige Chöre, die den Text sehr schlicht deklamieren. Einzig durch ihre Wiederholung werden bestimmte Wörter besonders hervorgehoben, wie hier z.B. *malefactor* und *non tibi tradidissemus eum* (Bsp. 5).

Bsp. 5

Dieses Mittel der Wortwiederholung zur Unterstreichung der Textaussage findet auch an anderen Stellen der Passion Anwendung. So wird z.B. das Wort *judicate* in der Pilatus-Rede „*Accipite eum vos, et secundum legem vestram judicate eum.*" – *Nehmt ihr ihn hin und richtet ihn nach eurem Gesetz*" zweimal wiederholt. Darauf antworten die Turbae mit „*Nobis non licet interficere eum.*" – „*Uns ist es nicht erlaubt, jemanden zu töten*". Das *nobis non licet* erscheint ebenfalls zweimal. Insgesamt ist der Text der Leidensgeschichte nach Johannes (Kapitel 18, 19) in Galuppis Passion vollständig vertont, mit Ausnahme des letzten Textabsatzes, der die Kreuzabnahme behandelt: *Post haec autem rogavit Pilatum Joseph ab Arimathaea [...]* bis *posuerunt Jesum*.

VI. GROSSANGELEGTE PSALMKOMPOSITIONEN AM BEISPIEL DER LAUDATE PUERI-VERTONUNGEN[236]

Psalmkompositionen gehörten im 18. Jahrhundert in Venedig neben den Messen zu den wichtigsten kirchenmusikalischen Werken an San Marco und den Ospedali. Besonders die Vesperpsalmen spielten eine große Rolle, da die Vesper „die musikalische Nachmittagsveranstaltung in den italienischen Städten, das nachmittägliche Pendant zur abendlichen Oper."[237] war. Am häufigsten wurden Vesperpsalmen für die Aufführung an besonderen Feiertagen des Kirchenjahres in Form von groß angelegten, mehrteiligen Werken vertont, deren Tradition wahrscheinlich in der 2. Hälfte des 16. Jahrhunderts in Venedig begann und sich Anfang des 18. Jahrhunderts in ganz Italien verbreitete. Um 1730 war die Vesperpsalmvertonung wohl die wichtigste italienische Kirchenmusikgattung überhaupt.[238] Am häufigsten wurden die Psalmen *Dixit Dominus* (Psalm 109), *Laudate pueri* (Psalm 112) und *Confitebor* (Psalm 110) vertont, da sie innerhalb der Vesperliturgie des Kirchenjahres am meisten eingesetzt wurden.[239] Diese quantitative Gewichtung lässt sich auch bei Galuppis Psalmkompositionen beobachten. Innerhalb seiner 52 erhaltenen Psalmvertonungen nehmen die drei genannten Psalmen mit dreizehn *Laudate pueri-*, neun *Confitebor-* und sieben *Dixit Dominus*-Vertonungen einen zentralen Platz ein.

Im Gegensatz zu den übrigen Psalmvertonungen von Galuppi sind von den *Laudate pueri* Werke aus allen Schaffensphasen überliefert.

---

236 Der Aufsatz von Helen Geyer, *Beobachtungen an einigen Vertonungen des 112. Psalms „Laudate pueri" für die venezianischen Ospedali (Conservatori)*, in: *Musik an den venezianischen Ospedali/Konservatorien vom 17. bis zum frühen 19. Jahrhundert*, hrsg. von Helen Geyer und Wolfgang Osthoff, Rom 2004, S. 149-218, wurde erst im fortgeschritteneren Stadium der Arbeit zur Kenntnis genommen.

237 Helmut Hucke, *Vivaldi und die vokale Kirchenmusik des Settecento*, in: *Antonio Vivaldi. Teatro musicale Cultura e Società*, hrsg. von Lorenzo Bianconi und Giovanni Morelli, Florenz 1982, S. 194.

238 Ders. S. 195.

239 Das *Dixit Dominus* wurde als Eröffnungspsalm der Vesper zu allen Sonn- und Feiertagen gesungen. Die wichtigsten Feiertage, bei denen innerhalb der Vespern *Laudate pueri*-Vertonungen verwendet wurden, waren die 2. Vesper an Sonntagen, Epiphanie, Himmelfahrt, Pfingsten, Dreifaltigkeit, Marienfeste, Hl. Frauen, die 2. Vesper Hl. Apostel, Evangelisten, Märtyrer, die 2. Vesper Hl. Bekenner, die 2. Vesper Hl. Engel, sowie die 2. Vesper Namen Jesu, Allerheiligen. Das *Confitebor* wurde innerhalb der Vespern bei folgenden Feiertagen verwendet: 2. Vesper an Sonntagen, Weihnachten, Frohnleichnam, 2. Vesper Hl. Bekenner, 2. Vesper Hl. Engel, 2. Vesper Namen Jesu, Allerheiligen
Einen detaillierten Festkalender der Ospedali für die sog. *Funzioni Stabili und Funzioni Mobili* (feststehende und unbewegliche Feste) mit musikalischer Ausgestaltung liefert OVER 1998, S. 47-58. Untersuchungen zum Festkalender von San Marco finden sich in James H. Moore, *Vespers at St. Mark's. Music of Alessandro Grandi, Giovanni Rovetta and Francesco Cavalli*, 2 Bde., Ann Arbor 1979/1981.

Tabelle 17: Galuppis Laudate pueri-Vertonungen

WVZ-Nr.	Tonart	Datierung	Institution
II/40	B-Dur	1739	?
II/35	G-Dur	1740/1741	Mendicanti
II/36	G-Dur	1751	Mendicanti
II/37	G-Dur	1760	Mendicanti
II/38	G-Dur	1763	Incurabili
II/33	E-Dur	vor 1764	?
II/41	B-Dur	1769	Incurabili
II/42	B-Dur	1774	Incurabili
II/39	G-Dur	1774	Incurabili
II/31	C-Dur	1775	Incurabili
II/32	D-Dur	1777	San Marco
II/43	B-Dur	?	San Marco ?
II/34	F-Dur	?	?

Galuppi bewegt sich mit seinen *Laudate pueri*-Kompositionen innerhalb eines venezianischen Traditionszusammenhangs. Ein Vergleich anhand von Beispielen anderer Komponisten, die ebenfalls in Venedig wirkten, wie Antonio Lotti, Antonio Vivaldi und Johann Adolf Hasse, soll die verschiedenen Möglichkeiten der Umsetzung von *Laudate pueri*-Vertonungen aufzeigen. Dabei werden vor allem formale Kriterien, wie Satzgliederung, Textbehandlung, Besetzung und bestimmte Einzelphänomene, wie die Verwendung von Rezitativen für die Betrachtung herangezogen.

Der zugrunde liegende Psalmtext *Laudate pueri* gliedert sich in seiner Textaussage in vier Abschnitte. Die ersten vier Verse enthalten die Aufforderung zum Lob Gottes, der fünfte Vers setzt als rhetorische Frage im Textablauf eine Zäsur, die in den anschließenden Versen begründet wird. Am Ende steht mit der Doxologie wiederum das Gotteslob.

In der Regel folgt Galuppi in der Werkgliederung seiner *Laudate pueri*-Vertonungen der Versaufteilung. Dabei ist der zweite Vers (*Sit nomen*) immer in den ersten Satz integriert. Der sechste Vers (*Suscitans*) schließt sich oft sehr eng, nur durch einfache Doppelstriche getrennt, an den fünften Vers (*Quis sicut*) bzw. den jeweiligen Satz an, weist dabei jedoch eine differierende Satzanlage auf (vgl. Tabelle 19: Laudate pueri-Vertonungen [Autographe] [240]. Vergleicht man dazu die Satzaufteilung in Vi-

---

240 Eine ausführlichere Betrachtung zu diesen beiden Versen, insbesondere deren musikalischer Textausdeutung, liefert GEYER 2004, S. 161-216 am Beispiel von Galuppis *Laudate pueri*-Vertonungen aus den Jahren 1763, 1769 und 1774, sowie Kompositionen von Andrea Bernasconi (1706-1784) aus den Jahren 1750, 1753, Antonio Gaetano Pampani (1705-1775) 1753, Gioacchino Cocchi (1712-1776) ca. 1749-1757 und Pasquale Anfossi (1727-1797) 1770.

valdis *Laudate pueri* A-Dur (RV 602/602a)[241], so zeigt sich, dass ihr ebenfalls weitgehend die Versgliederung zugrunde liegt. Jedoch sind bei ihm auch Zusammenfassungen mehrerer Verse in einem Satz möglich. Im vorliegenden Beispiel sind die Verse 2 (*Sit nomen*), 5 (*Quis sicut*) und 8 (*Qui habitare*) mit dem jeweils vorhergehenden Vers in einem gemeinsamen Satz enthalten. Ungewöhnlich hierbei ist die Behandlung des zweiten Verses, den Vivaldi zweimal zusätzlich in den Werkablauf einschiebt. Zum ersten Mal als selbstständigen Satz, der die Takte 50-59 des Eingangssatzes wiederholt, und zum zweiten Mal nach dem 6. Satz (*Ut collocet*) (vgl. Tabelle 19: Laudate pueri-Vertonungen [Autographe]).

Die spezifischen Textaussagen widerspiegeln sich bei Galuppi in seiner Wahl der Verteilung von Vokalsolisten, Chor und Orchester auf die Einzelsätze. In der Regel geht er dabei recht einheitlich vor. Eine ausschließlich solistische Vokalbesetzung mit ein oder zwei Solostimmen, sowie eine überwiegend auf Streicher und Basso continuo reduzierte Instrumentalbesetzung weisen die Verse 3 (*A solis ortu*), 4 (*Excelsus super*) und 7 (*Ut collocet*) auf. Auch der fünfte Vers (*Quis sicut*), mit seiner inhaltlich besonderen Stellung in Form einer rhetorischen Frage, sowie der achte Vers (*Qui habitare*) sind bis auf wenige Ausnahmen solistisch besetzt. Entsprechend der feierlich-lobenden Textaussagen im Eingangssatz (erster und zweiter Vers), im 6. Vers (*Suscitans*) und im Schlusssatz (Doxologie) wählt Galuppi dafür eine große Vokalbesetzung (Solisten und Chor, gelegentlich ausschließlich Chor) und ein umfangreich besetztes Orchester.

Vivaldis Verteilung der Besetzung auf die Einzelsätze ist mit der Galuppis vergleichbar. Eine Ausnahme stellt jedoch der sechste Vers (*Suscitans*) dar, für den Galuppi meist den Chor einsetzt, Vivaldi aber zwei Sopransoli verwendet.

Die Basis der Instrumentalbesetzung von Galuppis *Laudate pueri*-Vertonungen besteht aus Streichern und Basso continuo, die manchmal durch Hörner und Flöten ergänzt werden. Seltener wählt Galuppi eine sehr große Besetzung mit Hörnern, Trompeten, Oboen und Flöten, wie in den Vertonungen G-Dur (II/38), B-Dur (II/42) und D-Dur (II/32), die dort insgesamt einen vom Vokalsatz unabhängigen Orchestersatz bilden. In zwei Vertonungen sind konzertierende Instrumente zu finden, die neben der vokalen Solostimme eine gleichberechtigt führende Funktion übernehmen. So kommt im *Gloria patri* des *Laudate pueri* G-Dur (II/35) zum solistischen Sopran eine solistische Violine hinzu, die in einen konzertierenden Wechsel mit dem Sopran tritt. (Bsp. 1)

---

241 Antonio Vivaldis *Laudate pueri* A-Dur (RV 602) ist um 1716/17 für das Ospedale della Pietà und in einer zweiten Variante (RV 602a) Ende der 1720er Jahre entstanden. Es ist mit zwei solistischen Sopranen, gemischtem Chor (SATB), zwei Oboen oder Flöten, Streichern und Basso continuo besetzt. Die Instrumente sind in zwei Orchester aufgeteilt. In der zweiten Variante RV 602a ist der 7. und 8. Vers neu vertont und die erste Hälfte der kleinen Doxologie *Gloria patri* modifiziert.

Bsp. 1

In der autographen Partitur ist noch erkennbar, dass als ursprüngliche Besetzung lediglich der Sopran, die solistische Violine und eine Basso continuo-Begleitung vorgesehen war. Die bereits notierten fünf Takte wurden jedoch später wieder gestrichen und durch eine erweiterte Besetzung von zwei obligaten Violinen, einer Viola und einem Basso continuo (alle mit Pizzicato-Anweisung) ersetzt.

Wiederum eine Besonderheit des *Laudate pueri* G-Dur (II/39) ist der bei Galuppi relativ selten zu findende Einsatz einer konzertierenden Orgel, die im Eröffnungssatz im Wechsel mit den Sopransoli und den Violinen die Melodieführung übernimmt. Zunächst jedoch intoniert die Orgel im zweiten Takt das Thema, welches im Satzverlauf verarbeitet immer wiederkehrt (Bsp. 2).

Bsp. 2

Die beiden solistischen Soprane übernehmen bei ihrem Einsatz das Thema (ab Takt 45 bis zum Tutti Takt 59) und werden dabei von der Orgel colla parte begleitet (Bsp. 3). Auch im weiteren Satzverlauf treten die beiden Soprane in solistischen Passagen, im Takt 79 bis 83 von zwei Alt-Stimmen abgelöst, zusammen mit der Orgel colla parte auf (Bsp. 4). Die Parallelführung des Vokalstimmen und der Orgel in Terzen ergibt eine Klangfülle, die dem Inhalt der Textzeile *Laudate* gerecht wird. Das *Laudate pueri* schließt mit einer Reminiszenz auf die Takte 45-67 des Eingangssatzes, in denen auch die konzertierende Orgel wieder auftritt.

Bsp. 3

Bsp. 4

Bestimmte Worte des Psalms *Laudate pueri*, die die Hauptaussage der jeweiligen Verse unterstreichen, werden von Galuppi durch ihre Dehnung akzentuiert. So liegen die Textschwerpunkte fast immer auf *laudate* (erster Vers), *saeculum* (zweiter Vers), *laudabile, Domini* (dritter Vers), *caelos, gloria, eius* (vierter Vers), *caelo, terra* (fünfter Vers), *populi* (siebenter Vers), *laetantem* (achter Vers), *Sancto, Amen* (Doxologie). Der Vergleich mit *Laudate pueri*-Vertonungen anderer Komponisten, wie z.B. Lotti, Vivaldi und Hasse, zeigt Parallelen in der Schwerpunktsetzung innerhalb des Textes, was folglich dem Textgehalt des Psalms *Laudate pueri* geschuldet ist (vgl. Tabelle 18: Textschwerpunkte im Vergleich).

Tabelle 18: Textschwerpunkte im Vergleich

	Lotti[242]	Vivaldi RV 602/602a	Hasse A-Dur	Galuppi
[1] Laudate pueri Dominum Laudate nomen Domini	laudate	laudate	Domini, Dominum laudate	laudate
[2] Sit nomen Domini benedictum Ex hoc nunc et usque in saeculum	saeculum		saeculum	seaculum
[3] A solis ortu usque ad occasum laudabile nomen Domini	solis, occasum, laudabile	laudabile, occasum	laudabile, Domini,	laudabile, Domini
[4] Excelsus super omnes gentes Dominus Et Super caelos gloria eius	gloria	gloria	gloria	caelos, gloria, eius

---

242 Für zwei Soprane, Alt, Streicher und Bc.

[5] Quis sicut Dominus Deus noster Qui in altis habitat et humilia respicit in caelo et in terra	caelo, terra	habitat	caelo	caelo, terra
[6] Suscitans a terra inopem Et de stercore erigens pauperem	erigens pauperem		pauperem	
[7] Ut collocet eum cum principibus Cum principibus populi sui	populi			populi
[8] Qui habitare facit sterilem in domo matrem filiorum laetantem	domo, laetantem		laetantem	laetantem
Gloria patri et filio et spiritu sancto	gloria, sancto		gloria, sancto	sancto
Sicut erat in principio et nunc et semper et in saecula saeculorum. Amen.	amen	saeculorum amen	amen	amen

Der Textaussage des *Siut erat in principio* entsprechend, nimmt Galuppi in den meisten Fällen im Schlussteil den Eingangssatz wieder auf. Jedoch wird nie der gesamte Satz wiederholt, sondern nur bestimmte Passagen daraus. Die Wiederaufnahme erfolgt auch nicht unmittelbar zu Beginn des Schlusssatzes, sondern erst während der Textwiederholung des ersten Verses *Laudate pueri Dominum*, die sich an die zweite Hälfte der Doxologie (*Sicut erat*) anschließt. Dabei wird der erste Vers mit der zweiten Hälfte der Doxologie neu kombiniert. Im *Laudate pueri* G-Dur (II/35) entsteht dadurch beispielsweise folgende Textzeile: *Laudate pueri Dominum Laudate nomen Domini et in saecula saeculorum. Amen.* In anderen *Laudate pueri*-Vertonungen von Galuppi treten auch folgende andere Textvarianten aus der Kombination von dem ersten Vers und der zweiten Hälfte der Doxologie auf: *Laudate pueri in saecula saeculorum. Amen. Laudate Dominum in saeculorum. Amen.* (G-Dur (II/39); *Laudate pueri Dominum. Laudate nomen Domini in saeculorum laudate pueri in saeculorum. Amen.* (B-Dur (II/42); *Laudate pueri Dominum. Laudate nomen Domini et nunc et semper et in saecula saeculorum. Amen* (D-Dur (II/32). Die Wiederaufnahme im Schlusssatz betrifft nur den jeweiligen Vokalabschnitt des Eingangssatzes. Die Instrumentaleinleitung wird weggelassen, da diese von dem ersten Vokalabschnitt meist ohnehin wieder aufgenommen und verarbeitet wird. Abweichend von den sonst in den *Laudate pueri*-Vertonungen nur partiell erfolgenden Wiederholungen des Eingangssatzes wird in dem *Laudate pueri* G-Dur (II/39), das bereits im Zusammenhang mit dem Einsatz einer solistischen Orgel erwähnt wurde, ein längerer Abschnitt des ersten Satzes (Takte 45-67) im Schlusssatz unverändert und vollständig wiederholt. Diese Wiederkehr des Eingangssatzes wird hier vom Rest des Satzes durch einfache Doppelstriche abgetrennt. Das für Galuppi typische Aufgreifen des Eingangssatzes im Schlusssatz ist auch in Vivaldis *Laudate pueri* (RV 602/602a) zu finden. Hier verwendet er den ursprünglich 62 Takte langen Eingangssatz in gekürzter Form (40 Takte) als Schlusssatz. Im Gegensatz zu Galuppi erfolgt jedoch die Wiederaufnahme des Eingangssatzes, der weitgehend in geschlossener Form belassen wird, gleich unmittelbar zu Satzbeginn. In diesem Zusammenhang ist auch die von der üblichen Form abweichende Textgestaltung Vivaldis zu erwähnen. Nach dem Textdurchlauf der zweiten Hälfte der Doxologie (*Sicut erat*) wiederholt Vivaldi den Text des ersten Verses (*Laudate pueri*) nicht - wie bei Galuppi üblich - , sondern lässt vom Chor den zweiten Vers (*Sit nomen*) intonieren. Parallel dazu greifen die Soprane im Wechsel mit dem Chor den Abschluss der Doxologie (*Et in saecula saeculorum. Amen*) auf. Der Satz endet schließlich im Tutti mit dem Text *Sit benedictum. Amen*. Wie Helmut Hucke zeigt, beschränkt sich diese Verfahrensweise der Reminiszenz des Eingangssatzes bei Vivaldi nicht auf seine *Laudate pueri*-Vertonungen, sondern ist auch in anderen Psalmvertonungen wie dem *Nisi Dominus* (RV 608) zu finden.[243]

Auch Johann Adolf Hasse verwendet in seinem *Laudate pueri* A-Dur[244] als Schlusssatz wieder den Eröffnungssatz, allerdings von 109 auf 75 Takte gekürzt. Der Instrumentalpart bleibt bei der Wiederholung unverändert, der Vokalpart dagegen wird leicht variiert. Als Textgrundlage des letzten Satzes verwendet Hasse im Gegensatz zu Galuppi und Vivaldi ausschließlich die zweite Hälfte der Doxologie (*Sicut erat*).[245]

Eine Besonderheit bei Galuppi ist die Verwendung von Rezitativen bzw. kurzen rezitativischen Passagen in vier seiner *Laudate pueri*-Vertonungen. Rezitative sind in

---

243 HUCKE 1982, S. 203f.: „Die Abrundung eines Psalms, eines Messensatzes oder einer ganzen Messe durch Wiederholung eines Satzes ist nicht selten. Bei Vivaldi ist sie besonders häufig und geschieht auf eine sehr spezifische Weise: Er wiederholt eben nicht einen musikalischen Satz irgendwelcher Faktur, sondern greift den Konzertsatz und das ihn bezeichnende Ritornell vom Anfang auf. Soweit ich sehe, wird bei Vivaldi der Eingangssatz zum Schluß niemals einfach wiederholt. Im Allgemeinen wird das Ritornell bei der Wiederholung am Schluß sogleich verkürzt, und die Solopartien werden variiert. Durch die Wiederholung wird klar, daß das Ritornell sich nicht nur auf den Eingangssatz bezieht, sondern auf die ganze Komposition; es ist die Devise des ganzen Stücks, und das ganze Stück wird in einer in der Kirchenmusik bisher nicht dagewesenen Weise zusammengeschlossen."

244 Das *Laudate pueri* A-Dur entstand zunächst um 1735 für das Ospedale degl'Incurabili und ist mit Soli/Chor SSAA, Streichern und Orgel besetzt. Von diesem Werk existiert noch eine Dresdner Fassung. Diese ist von den ursprünglichen 8 auf 6 Sätze gestrafft und verwendet als Vokalstimmen SSATB. Außerdem wurden Oboen eingefügt.

245 Weitere Beispiele für Wiederaufnahmen des Eingangssatzes bieten u.a. *Laudate pueri*-Vertonungen der Galuppi-Zeitgenossen Andrea Bernasconi, Antonio Gaetano Pampani und Ferdinando Bertoni. Siehe dazu ausführlicher GEYER 2004, S. 158ff.

kirchenmusikalischen Werken dieser Zeit selten anzutreffen, da sie üblicherweise an nichtbiblische und nichtliturgische Texte gebunden sind.[246] Anläßlich seiner Begegnung mit Galuppi und im Zusammenhang mit einem Konzertbesuch im Ospedale degl'Incurabili am 12. August 1770 weist Charles Burney ausdrücklich auf die Rezitative in Psalmkompositionen hin:

> „Heute nachmittag bewogen mich die lateinischen Psalmen, welche von den Waisenmädchen gesungen wurden, jenem allgemeinen Urtheile beyzutreten; denn unter den zehn oder zwölf Stücken war auch kein einziges, das man hätte unbeträchtlich nennen mögen. Es kamen verschiedene vortrefflich begleitete Recitative darin vor, und diese ganze Musik war reich an neuen Sätzen, voller guten Geschmacks, guter Harmonie und Überlegung."[247]

In Galuppis Umfeld gibt es sonst nur wenige weitere Beispiele für dieses Vorgehen, so z.B. in *Laudate pueri*-Vertonungen von Agostino Steffani (1673) und später bei Andrea Bernasconi (1750), die beide zur Hervorhebung des Fragecharakters Teile des fünften Verses rezitativisch vertonten.[248]

Im *Laudate pueri* B-Dur (II/42) ist der kurze 10-taktige Satz, der den siebenten Vers vertont, als ein Accompagnato-Rezitativ für solistischen Alt, Streicher und Basso continuo gesetzt. Das Rezitativ erklingt nach dem großbesetzten doppelchörigen Satz *Suscitans* und dient als Überleitung zu dem nachfolgenden, nur mit solistischem Alt besetzten Satz *Qui habitare*.

Sehr ungewöhnlich, da mit einem viertaktigen Secco-Rezitativ für solistischen Alt, Streicher und Basso continuo (Takt 32-25), setzt der Vokalteil des Eröffnungssatzes vom *Laudate pueri* D-Dur (II/32) ein. Als Textgrundlage dient die erste Zeile des ersten Verses, allerdings in einer etwas veränderten Wortfolge: *Laudate pueri laudate pueri Dominum*. Nach dem kurzen rezitativischen Abschnitt folgen acht Takte der solistischen Altstimme. Diese wird dann vom Chor abgelöst, der noch einmal den Beginn des ersten Verses erklingen lässt. Da im Schlusssatz, wie für Galuppi typisch, die Wiederaufnahme des Eingangssatzes erfolgt, wird auch das Rezitativ hier noch einmal leicht verändert aufgegriffen.

Auch der Schlusssatz des doppelchörigen *Laudate pueri* G-Dur (II/38) enthält ein 6-taktiges Secco-Rezitativ (Takte 27-32). Durch Doppelstriche vom vorangegangenen

---

246 Dazu HUCKE 1982, S. 198: „[...] die Messensätze enthalten niemals ein Rezitativ, Psalmvertonungen höchst selten. Das Rezitativ ist in der italienischen Kirchenmusik des 18. Jahrhunderts in aller Regel an nichtbiblische und nichtliturgische Texte, also an zeitgenössische Poesie gebunden. Dem liegt nicht nur eine Unterscheidung von ‚Kirchenstil' und nichtkirchlichem Stil zugrunde, sondern die Tatsache, daß die liturgischen und biblischen Texte sich den ästhetischen Prinzipien, die für die Oper und die Kantate gelten, weitgehend entziehen."

247 Charles Burney, *Tagebuch einer musikalischen Reise*, (deutsche Übersetzungg von C. D. Ebeling), Hamburg 1772, S. 123. Vgl. auch den Abschnitt zu den Rezitativen im Kapitel VI. Galuppis Gloria und Credo-Vertonungen im venezianischen Kontext.

248 Vgl. GEYER 2004, S. 160 f.

doppelchörigen Abschnitt *Sicut erat* getrennt, leitet das Rezitativ mit der textlichen Wiederkehr *Laudate pueri Dominum laudate nomen Domini* zur Reminiszenz des Eingangssatzes (ab Takt 33) über, der dann ebenfalls doppelchörig ausgeführt wird. An diesem Rezitativ sind zwei solistische Soprane alternierend beteiligt; sie werden äußerst zurückhaltend durch kurze Einwürfe der Streicher und des Basso continuo begleitet.

Galuppis *Laudate pueri*-Vertonungen sind stark vom Textgehalt beeinflusst, indem die Satzstruktur der Textgliederung weitgehend folgt. Es findet eine Hervorhebung der Textinhalte statt, die neben der Textausdeutung auch und vor allem auf der entsprechenden Satzgliederung und Wahl der Besetzung beruht. Die Wiederholungen des Eingangssatzes am Werkende (ob im Ganzen oder nur teilweise bzw. variiert) rundet die Komposition ab und verleiht ihr eine innere Geschlossenheit. Im formalen Aufbau und der Besetzung zeigen sich bei Galuppi einige Parallelen zu den für den Vergleich herangezogenen Komponisten Lotti, Vivaldi und Hasse. Eine wirkliche Besonderheit, ein individuelles Stilmerkmal ist die Aufnahme der Rezitative in die *Laudate pueri*-Kompositionen, was in der Kirchenmusik des 18. Jahrhunderts sehr selten ist und ein Hinweis auf die stilistische Verbundenheit zum Opernschaffen Galuppis darstellt.

Tabelle 19: Laudate pueri-Vertonungen (Autographe)[249]

	1741 G-Dur (II/35)	1760 G-Dur (II/37) (doppelchörig)	1763 G-Dur (II/38) (doppelchörig)
[1] Laudate pueri Dominum Laudate nomen Domini	G-Dur, Andante S solo/Chor VV, Va, Bc	G-Dur, Andante Chor I, II Orch. I, II: VV, Va, Bc	G-Dur, Allegro S I, II solo/Chor I S I, A solo/Chor II Orch. I, II: Fl I, II, Hr I, II, VV, Va, Bc
[2] Sit nomen Domini benedictum Ex hoc nunc et usque in saeculum			
[3] A solis ortu usque ad occasum laudabile nomen Domini	C-Dur, Andante S solo VV, Va, Bc	C-Dur, Largo S solo VV, Va, Bc	C-Dur, Largo S solo VV, Va, Bc
[4] Excelsus super omnes gentes Dominus Et Super caelos gloria	F-Dur, Grazioso SS soli VV, Va, Bc	a-Moll, Allegro A solo VV, Va, Bc	F-Dur, Allegro S solo Hr I,II,VV,Va,Bc

---

249 In die Tabelle wurden nur Werke aufgenommen, von denen Papierkopien für die Analysen zur Verfügung standen.

[5] Quis sicut Dominus Deus noster Qui in altis habitat et humilia respicit in caelo et in terra	d-Moll, Adagio S solo VV, Va, Bc	e-Moll, Maestoso Chor I, II VV, Va, Bc	d-Moll, Largo SA soli, SS soli Fl I, II, VV, Va, Bc
[6] Suscitans a terra inopem Et de stercore erigens pauperem	g-Moll, Presto SA soli/Chor VV, Va, Bc	C-Dur, Allegro Chor I, II VV, Va, Bc (einfache Doppelstriche zur Satztrennung)	D-Dur, Allegro Chor Hr I, II, VV, Va, Bc (einfache Doppelstriche zur Satztrennung)
[7] Ut collocet eum cum principibus Cum principibus populi sui	C-Dur, Larghetto S solo VV, Va, Bc	F-Dur, Andante B solo VV, Va, Bc	G-Dur, Allegro A solo Hr I, II, VV, Va, Bc
[8] Qui habitare facit sterilem in domo matrem filiorum laetantem	G-Dur, Allegro S solo Fl I, II, VV, Va, Bc		C-Dur, Allegro S solo/Chor Orch. I, II: Hr I, II, VV, Va, Bc
Gloria patri et filio et spiritu sancto	e-Moll S solo / Chor VV, Va, Bc gleicher Vers danach als **9. Satz:** Chor VV, Va, Bc	D-Dur, Adagio SS soli V solo, VV, Va, Bc	a-Moll, Andantino S solo VV, Va, Bc
Sicut erat in principio et nunc et semper et in saecula saeculorum. Amen.	G-Dur S solo/Chor teilweise Wiederaufnahme des Eingangssatzes	G-Dur Chor I, II Orch. I: Hr I, II, Ob I, II, VV, Va, Bc Orch. II: VV, Va, Bc Wiederaufnahme einzelner Passagen des Eingangssatzes	G-Dur, S I, II solo/Chor I S I, A solo/Chor II Orch. I, II: Fl I, II, Hr I, II, VV, Va, Bc beinhaltet kurzes Secco-Rezitativ, Wiederaufnahme einzelner Passagen des Eingangssazes
	1769 B-Dur (II/41)	**1774 B-Dur (II/42) (doppelchörig)**	**1774 G-Dur (II/39)**
[1] Laudate pueri Dominum Laudate nomen Domini	B-Dur S I, II solo/Chor Hr I, II, VV, Va, Bc	B-Dur, Andante S I, II soli / Chor I, II Orch. I, II: Fl I, II, Hr I, II, VV, Va, Bc	G-Dur, Allegro S I, II soli / Chor Hr I, II, VV, Va, Bc, Org solo

[2] Sit nomen Domini benedictum Ex hoc nunc et usque in saeculum			
[3] A solis ortu usque ad occasum laudabile nomen Domini	g-Moll, Larghetto S solo VV, Va, Bc	F-Dur S solo VV, Va, Bc	
[4] Excelsus super omnes gentes Dominus Et Super caelos gloria eius	B-Dur, Allegro S solo VV, Va, Bc	C-Dur, Allegro A solo VV, Va, Bc	
[5] Quis sicut Dominus Deus noster Qui in altis habitat et humilia respicit in caelo et in terra	Es-Dur, Largo Chor VV, Va, Bc	Es-Dur, Largo S solo Hr I, II, VV, Va, Bc	D-Dur, Largo S Solo VV, Va, Bc
[6] Suscitans a terra inopem Et de stercore erigens pauperem	Es-Dur, Allegro Chor Hr I, II, VV, Va, Bc (einfache Doppelstriche zur Satztrennung)	f-Moll, Allegro Chor I, II Orch. I, II: Hr I, II, VV, Va, Bc (einfache Doppelstriche zur Satztrennung)	G-Dur, Allegro Chor Hr I, II, VV, Va, Bc
[7] Ut collocet eum cum principibus Cum principibus populi sui	F-Dur, Andante Solo S VV, Va, Bc	C-Dur, Andantino Acc.-Recitativ A solo VV, Va, Bc	E-Dur A solo VV, Va, Bc
[8] Qui habitare facit sterilem in domo matrem filiorum laetantem	G-Dur, Allegro S solo VV, Va, Bc	C-Dur, Allegro A solo VV, Va, Bc	A-Dur, Allegro S solo VV, Va, Bc
Gloria patri et filio et spiritu sancto	C-Dur, Andantino SA soli VV, Va, Bc	F-Dur, Largo S solo Hr I, II, VV, Va, Bc	D-Dur S solo Hr I, II, VV, Va, Bc
Sicut erat in principio et nunc et semper et in saecula saeculorum. Amen.	F-Dur/B-Dur, Allegro S I, II, solo/Chor Hr I, II, VV, Va, Bc Beinhaltet kurzes Secco-Rezitativ, teilweise Wiederaufnahme des Eingangssatzes mit verkürzten Notenwerten, da Taktänderung	D-Dur/B-Dur, Allegro S I, II soli/Chor I, II Orch I, II: Fl I, II, Hr I, II, VV, Va, Bc Wiederaufnahme einzelner Passagen des Eingangssatzes	G-Dur S I, II soli/ Chor Wiederaufnahme des Eingangssatzes

	1775 C-Dur (II/31)	1777 D-Dur (II/32)	Vivaldi RV 602/602a
[1] Laudate pueri Dominum Laudate nomen Domini	C-Dur SSAA soli/Chor VV, Va, Bc	D-Dur, Allegro anfangs Secco-Recitativ A solo/Chor Fl solo, Hr I, II, Ob I, II, VV, Va, Bc	**1. Satz** A-Dur, Allegro S I, II soli/Chor Orch. I, II: VV, Va, Bc
[2] Sit nomen Domini benedictum Ex hoc nunc et usque in saeculum			
[3] A solis ortu usque ad occasum laudabile nomen Domini			**2. Satz** D-Dur, Allegro S I solo VV, Va, Bc
[4] Excelsus super omnes gentes Dominus Et Super caelos gloria eius	F-Dur, Andante A solo VV, Va, Bc	G-Dur, Andante S solo VV, Va, Bc	**3. Satz** A-Dur, Andante S II solo, VV, Va, Bc danach **als 4. Satz** Einschub des 2. Verses *Sit nomen benedictum* aus dem 1.Satz (T. 50-59) A-Dur, Allegro, Chor, VV, Va, Bc
[5] Quis sicut Dominus Deus noster Qui in altis habitat et humilia respicit in caelo et in terra	B-Dur, Largo S solo VV, Va, Bc	C-Dur, Largo S solo VV, Va I, II, Bc	
[6] Suscitans a terra inopem Et de stercore erigens pauperem	B-Dur, Allegro Chor VV, Va, Bc	C-Dur, Allegro Chor Tr I, II, Ob I, II, VV, Va, Bc (einfache Doppelstriche zur Satztrennung)	**5. Satz** h-Moll Allegro S I, II soli Orch. I, II: VV, Va, Bc
[7] Ut collocet eum cum principibus Cum principibus populi sui			**6. Satz** A-Dur Allegro (RV 602) G-Dur Allegro (RV 602a) S solo, VV, Va, Bc danach Wiederholung *Sit nomen* (siehe **4. Satz**)

[8] Qui habitare facit sterilem in domo matrem filiorum laetantem	Es-Dur, Andante A solo VV, Va, Bc	F-Dur, Allegro A solo Hr I, II, Ob I, II, VV, Va, Bc	
Gloria patri et filio et spiritu sancto	G-Dur, Larghetto Chor VV, Va, Bc	A-Dur, Andantino S solo VV, Va, Bc	**7. Satz** D-Dur, Andante S solo, Ob, Bc (RV602); S solo, Fl, Bc (RV 602a)
Sicut erat in principio et nunc et semper et in saecula saeculorum. Amen.	C-Dur, Allegro Chor, S I, II soli *Et in saecula* durch einfache Doppelstriche abgetrennt, keine Wiederholungen aus dem Eingangssatz, nur Anlehnungen	D-Dur SA soli /Chor Hr I, II, Ob I, II, VV, Va, Bc Wiederholung einzelner Passagen des Eingangssatzes, beinhaltet Secco-Rezitativ	**8. Satz** A-Dur, Allegro gekürzte Wiederaufnahme des Eingangssatzes (von 62 T. auf 40 T.) SS soli/Chor Orch. I, II: VV, Va, Bc

VII. DIE DOPPELCHÖRIGKEIT

Die Mehrchörigkeit galt bis ins 18. Jahrhundert in Venedig als besonders festlich und repräsentativ. Auch von Galuppi sind einige Werke in einer doppelchörigen Anlage überliefert, obwohl zu seiner Zeit der Höhepunkt der Mehrchörigkeit in Venedig bereits längst überschritten war. Charles Burney berichtet in seinem *Tagebuch einer musikalischen Reise* über die Aufführung einer doppelchörigen Messe von Galuppi in San Marco im Jahre 1770, die heute nicht mehr erhalten ist. Dabei geht er auch explizit auf die getrennte Aufstellung der Orchester im Raum ein:

> "Heute gieng ich in die S. Markuskirche, wo einer Feyerlichkeit wegen der Doge gegenwärtig war. Ich hörete die hohe Messe an, welche daselbst unter der Direktion des Sgr. Galuppi, der sie gesetzt hatte, aufgeführt ward. Es waren bey dieser Gelegenheit sechs Orchester da, nehmlich zwey große auf den Emporkirchen der beyden Orgeln, und vier kleinere, zwey auf jeder Seite, wobey gleichfalls kleine Orgeln waren. Ich hatte eine sehr vortheilhafte Stelle bey einer von den grossen Orgeln, neben Sgr. Atilla, Galuppi's Gehülfen. [...] Die Musik, welche überhaupt wohl gearbeitet und ernsthaft war, that starke Wirkung [...]."[250]

Für mehrchörige Kompositionen bot die Gliederung des Innenraumes von San Marco, insbesondere die Galerie-Emporen und die Sängertribünen, die Möglichkeit, Orgeln, Vokal- und Instrumentalchöre sowie Solisten räumlich unterschiedlich aufstellen zu können. Es existierten zwei Orgeln auf den beiden gegenüberliegenden Galerie-Emporen des Chores, sowie zwei Orgeln auf den beiden *palchetti* (dies waren temporäre Holzkonstruktionen, die oberhalb der im 16. Jahrhundert nach Plänen Jacopo Sansovinos entstandenen zusätzlichen zwei Sängertribünen platziert waren; erst 1952 wurden sie wieder entfernt). Neben der Orgel war genug Raum für ein Cello und einen Violone. Auf jedem *palchetto* konnten also nicht mehr als ein bis zwei Sänger neben den vier oder fünf Musikern gestanden haben, da für mehr Interpreten in dem niedrigen Zwischenraum unter der Gewölbedecke kaum Platz war. Das übrige Orchester mit Gesangssolisten und Chor verteilte sich auf die beiden Galerie-Emporen.[251]

Auch die beiden Ospedali verfügten über jeweils zwei gegenüberliegende Choremporen, so dass hier ebenfalls die Aufführung doppelchöriger Werke möglich war.[252]

---

250 Charles Burney, *Tagebuch einer musikalischen Reise,* (deutsche Übersetzung von C. D. Ebeling), Hamburg 1772, S. 128.

251 Vgl. PASSADORE/ROSSI 1994, 1996, Bd. I, S. 64-69. ROSSI 1998, S. 461f. Vgl. auch Hans Dörge, *Musik in Venedig,* Wilhelmshaven 1990, S. 90-97.

252 Doppelchörige Kompositionen sollen im Ospedale degl'Incurabili bereits seit Ende der 1750er Jahre, aber spätestens seit Francesco Giovanni Brusa und Galuppi aufgeführt worden sein. GEYER 2005, Bd. 1, S. 48, 53.
Nach Caffi führte erst Galuppi im Ospedale degl'Incurabili die Doppelchörigkeit ein, die auch in der Zeit seiner Abwesenheit in Russland durch seinen Stellvertreter Francesco Giovanni Brusa fortgeführt wurde. CAFFI 1854/55, S. 315f.

Bei den wenigen von Galuppi überlieferten Werken mit einer doppelchörigen Anlage handelt es sich überwiegend um Vesperpsalmen: drei *Laudate pueri* G-Dur (1760) (II/37), G-Dur (1763) (II/38), B-Dur (1774) (II/42), *Domine probasti me* D-Dur (1775) (II/19), *Beatus vir* C-Dur (1777) (II/1), *Lauda anima mea* G-Dur (1779) (II/25), *Laudate Dominum quoniam bonus* a-Moll (1780) (II/30). Doppelchörig konzipiert sind außerdem der Bußpsalm *Miserere* c-Moll (II/45), der Versikel *Domine ad adjuvandum* B-Dur (1756) (II/56) und zwei *Kyrie* C-Dur (1745) (I/13) und D-Dur (1757) (I/15).[253]

Mit seinen Werken schließt Galuppi an traditionelle Formen der Doppelchörigkeit an. Sein Umgang mit älteren Formen der Doppelchörigkeit lässt sich an Galuppis Bearbeitungen von drei Werken des ehemaligen Markuskapellmeisters Antonino Biffi (bis 1732 im Amt) zeigen, aus denen sich auch Parallelen zu seinen eigenen mehrchörigen Kompositionen ergeben. Bei den Biffi-Werken handelt es sich um zwei Vesperzyklen *per San Pietro Orseolo* und *per Annuntiationis* sowie ein Completorium aus dem Jahre 1728, die ursprünglich reine a-capella-Werke mit doppelchöriger Besetzung waren. Wie in der älteren Praxis üblich, ist hier vor den Satzbeginn jeweils eine Intonatio gestellt, die von den Tenören der beiden Chöre ausgeführt wird. In seiner Funktion als *maestro di cappella* richtete Galuppi diese Werke für den damaligen aktuellen Zeitgeschmack ein, um sie einem praktischen Gebrauch an San Marco wieder zuführen zu können. Dafür ergänzte er Biffis Werke mit einem Orchestersatz, bestehend aus Hörnern (meist *da caccia*), Oboen, Violinen, Viola und Basso continuo. In den Partituren[254] ist erkennbar, dass zunächst von anderer Hand die Vokalteile notiert wurden und Galuppi später den Orchesterpart in die freien Systeme eintrug. John Bettley schreibt über diese Bearbeitungen in seinem Aufsatz *Psalm-Texts and the Polyphonic Vespers Repertory:* „*the cosmetic addition of orchestral parts – probably by Galuppi himself – to the sequences of Vespers psalms by Biffi for the Annunciation and the feast of San Pietro Orseolo could have granted these already stylistically-outmoded examples a new lease of life.*"[255] Später wurde angenommen, dass die zwei Vesperzyklen und das Completorium vollständig von Galuppi stammen, so dass sein Name nachträglich auf den Partituren ergänzt wurde.[256]

Die instrumentalen Ergänzungen Galuppis stellen keinen gravierenden Eingriff in die musikalische Faktur der Werke dar. Die Instrumente laufen nur in seltenen Fäl-

---

253 Weitere doppelchörige Messensätze, wie z.B. *Gloria* und *Credo*, die sich ergänzend an die beiden *Kyrie*-Sätze anschließen könnten, sind nicht erhalten.

254 I-Vnm It.Cl.IV n. 866 (Vesperzyklus *per Annuntiationis*), I-Vnm It.Cl.IV n. 867 (Completorium), I-Vnm It.Cl.IV n. 868 (Vesperzyklus *per San Pietro Orseolo*).

255 John Bettley, *Psalm-Texts and the Polyphonic Vespers Repertory*, in: *La Cappella Musicale di San Marco nell'età moderna*, Venedig 1998, S. 112.

256 Heute werden diese Partituren in der Biblioteca Nazionale di San Marco in Venedig unter Galuppis Namen aufbewahrt. ROSSI 1986 führt diese Vesperzyklen noch unter dem Namen Galuppis. PASSADORE/ROSSI 1994, 1996 ordnen sie aber bereits unter Antonino Biffi ein. Nach ROSSI 1998, S. 461 stammen diese Partituren hingegen von unbekannter Hand, wobei der Vokalpart Biffi zugeordnet wird.

len colla parte mit den Vokalstimmen, wie z.B. der Basso continuo mit dem vokalen Bass. Dennoch sind sie eng an den Vokalpart angelehnt und tragen zur Anreicherung des Gesamtklanges bei (Bsp.1, S. 137). Ein ähnliches Prinzip wendet Galuppi auch in einigen seiner eigenen doppelchörigen Kompositionen an, wie sich später zeigen wird.

Grundsätzlich macht Galuppi von verschiedenen Umsetzungsmöglichkeiten der Doppelchörigkeit Gebrauch. In den meisten Werken sind die beiden Vokalchöre, *coro primo* und *coro secondo*, mit vier Stimmen besetzt: Sopran, Alt, Tenor und Bass oder jeweils zwei Sopran- und Altstimmen, wie z.b. im *Laudate pueri* G-Dur (1763) (II/38) und im *Miserere* c-Moll (II/45). Dagegen werden im *Laudate pueri* G-Dur (1760) (II/37) die beiden Chöre in einen vierstimmigen *coro grande* (Sopran, Alt, Tenor, Bass) und einen zweistimmigen *coro piccolo* (Sopran und Alt) geteilt. Nur im letzten Satz kommen im *coro piccolo* Tenor und Bass hinzu. Im *Laudate pueri* (1774) (II/42) ist die Besetzung der Chöre mit zwei Sopranen und einem Alt auf drei Stimmen reduziert. (Vgl. Tabelle 20: Besetzungsübersicht)

Allgemein ordnet Galuppi den beiden Chören jeweils ein Orchester, bestehend aus Streichern, Bläsern und Basso continuo, zu. In einigen Fällen (*Domine probasti me, Beatus vir, Lauda anima mea* und *Laudate Dominum*) ist nur ein Orchester vorgesehen, das jedoch zu beiden Chören gehört. Neben den Chören sind in den drei *Laudate pueri*, dem *Miserere* und den beiden *Kyrie*-Vertonungen Solostimmen vorhanden, die sowohl in den Chorsätzen als auch im weiteren Werkverlauf in separaten solistischen Abschnitten eingesetzt werden. Je nach dem, ob die Solostimme aus dem ersten oder zweiten Chor stammt, ist ihr das entsprechende Orchester zugeordnet.

Tabelle 20: Besetzungsübersicht

WVZ -Nr.	Datie- rung	Werk	Chor I	Chor II	Orche- ster I	Orche- ster II
II/37	1760	Laudate pueri	SATB Soli: SAB	SA Soli: SA	Hr I, II, Ob I, II, V I, II, Va, Bc	V I, II, Va, Bc
I/13	1745	Kyrie	SATB Soli: SSTTBB	SATB Soli: SSTT	Tr I, II, Hr I, II, Ob I, II, V I, II, Va, Bc	V I, II, Va, Bc
II/38	1763	Laudate pueri	SSAA Soli: SA	SSAA Soli: SA	Hr I, II, Fl I, II, V I, II, Va, Bc	Hr I, II, Fl I, II, V I, II, Va, Bc
II/45		Miserere	SSAA Soli: SA	SSAA Soli: SA	Hr I, II, V I, II, Va Bc	Hr I, II, V I, II, Va, Bc

II/42	1774	Laudate pueri	SSA Soli: SSA	SSA Soli: SSA	Hr I, II, Fl I, II, V I, II, Va, Bc	Hr I, II, Fl I, II, V I, II, Va, Bc
I/15	1757	Kyrie	SATB Soli: SA	SATB Soli: SA	Hr I, II, Ob I, II, V I, II, Va, Bc	Hr I, II, Ob I, II, V I, II, Va, Bc
II/56	1756	Domine ad adjuvandum	SATB	SATB	Ob I, II, V I, II, Va, Bc	Ob I, II, V I, II, Va, Bc
II/19	1775	Domine probasti me	SATB	SATB	Tr I, II, Ob I, II, V I, II, Va, Bc	
II/1	1777	Beatus vir	SATB	SATB	V I, II, Va, Bc	
II/25	1779	Lauda anima mea	SATB	SATB	V I, II, Va, Bc	
II/30	1780	Laudate Dominum	SATB	SATB	V I, II, Va, Bc	

Galuppi richtet sich in der formalen Umsetzung der Doppelchörigkeit nach der Bedeutsamkeit der den Werken zugrunde liegenden Texte innerhalb der Liturgie. Bei den groß angelegten Vertonungen wie z.B. den *Laudate pueri* und den *Kyrie*, die innerhalb der Liturgie eine wichtige Stellung einnehmen und zu Festgottesdiensten aufgeführt werden, ist die Anlage komplexer als bei den übrigen Werken. Die doppelchörige Besetzung erstreckt sich in den *Laudate pueri*-Vertonungen G-Dur (II/37), (II/38) und B-Dur (II/42) nicht auf alle Sätze, sondern nur auf die Eröffnungs- und Schlusssätze, sowie die Sätze *Quis sicut Dominus* (nur in II/37, II/38) und *Suscitans*. Für die *Kyrie*-Vertonungen gilt Ähnliches: im *Kyrie* C-Dur (I/13) sind die ersten beiden Sätze doppelchörig besetzt und im *Kyrie* 1757 D-Dur (I/15) die beiden Ecksätze.

In den Eingangsätzen der *Laudate pueri*-Vertonungen, sowie in allen doppelchörig besetzten Sätzen der beiden *Kyrie*, stehen die Chöre, die jeweiligen Vokalsolisten und die beiden Orchester in einem alternierenden Wechsel, wobei sie alle eine gleichberechtigte Funktion übernehmen. Bei diesem alternierenden Prinzip, das bereits in der Instrumentaleinleitung in den beiden Orchestern angewandt wird, wiederholt der zweite Chor im Echoprinzip die vorangegangene Phrase des ersten Chores. Diese besteht zunächst aus den Anfangstakten der Instrumentaleinleitung. Der Wechsel zwischen den Chören erfolgt auf dem Schlussakkord oder auch während einer Pause des jeweils anderen Chores (Bsp. 2, S. 138ff.). Der Text wird entweder von dem anderen Chor wiederholt oder weiter fortgeführt. Nach dem Alternieren werden die beiden Chöre zum Tutti zusammengeführt (Bsp. 2, ab Takt 71). Hier können sie über längere Strecken unisono agieren, sich komplementär ergänzen oder auch um einen halben Takt verschoben gemeinsam auftreten. Bei den vokalen Solostimmen wird ebenfalls das alternierende Prinzip angewandt.

In den doppelchörig besetzten Binnensätzen *Suscitans* und *Quis sicut* der beiden *Laudate pueri*-Vertonungen II/37 und II/38 wird das alternierende Prinzip nicht ausschließlich als echoartige Wiederholung umgesetzt, sondern durch einen konzertierenden Wechsel der beiden Chöre verarbeitet. Beispielsweise wirft im fünften Vers (*Quis sicut Dominus*) zur Hervorhebung des wichtigen Fragepronomens *quis* und des Relativpronomens *qui* der eine Chor diese Worte lediglich rufend ein, während der jeweils andere Chor die Textpassage parallel dazu weiter fortführt bzw. in einen konzertierenden Wechsel mit dem anderen Chor eintritt (Bsp. 3, S. 143 f., Bsp. 4, S. 145).

Im *Miserere* und dem durchgängig doppelchörig angelegten *Domine ad adjuvandum* und *Beatus vir* wiederholen die alternierenden Chöre nicht, wie bisher gezeigt, echoartig dieselben musikalischen und textlichen Passagen, sondern sind so konzipiert, dass sich die jeweiligen Phrasen erst durch das Alternieren zur Vollständigkeit ergänzen (Bsp. 5, S. 146 ff., hier wird das Ineinandergreifen von Chor und Orchester anschaulich sichtbar). Nach dem alternierenden Wechsel werden die beiden Chöre zur klangvollen Achtstimmigkeit zusammengeführt, die nur wenige Takte anhält bzw. immer wieder durch den Chorwechsel unterbrochen wird.

Im *Domine ad adjuvandum* bildet der Vokal- und Instrumentalpart eine Einheit, d.h. beide sind gleichberechtigt. Im Gegensatz dazu übernimmt im *Beatus vir* das aus Streichern bestehende Orchester vollständig die Melodieführung, zu der die beiden Chöre lediglich eine klangliche Ergänzung bilden. Ähnlich verhält es sich auch beim *Miserere*, das insgesamt eher vom Instrumentalpart aus konzipiert zu sein scheint.

Für die drei einsätzigen und durchgehend doppelchörig gestalteten Psalmvertonungen *Domine probasti me*, *Lauda anima mea* und *Laudate Dominum* verwendet Galuppi eine weitere, formal gesehen etwas simplere Variante der Doppelchörigkeit. Das Alternieren der beiden Chöre, die konsequent in Tutti-Blöcken auftreten, folgt dem Text. Das heißt, dass bei Beginn eines neuen Verses dieser von dem jeweils anderen Chor, verbunden mit einer neuen musikalischen Phrase, übernommen wird. Gemeinsame Schnittpunkte bzw. Überlappungen der beiden Chöre ergeben sich meist in den letzten drei Akkorden (Bsp. 6, S. 149). Längere achtstimmige Passagen, wie sie Galuppi in den übrigen doppelchörigen Werken gestaltet, bleiben hier auf die letzten Schlusstakte beschränkt. Den beiden Chören ist ein gemeinsames Orchester zugeordnet. Im *Domine probasti me* besteht es aus Trompeten und Oboen, Streichern und Basso continuo und im *Lauda anima mea*, sowie dem *Laudate Dominum* ausschließlich aus Streichern und Basso continuo. In allen drei Werken übernehmen die Violinen die Melodieführung und die Chöre füllen den Gesamtklang aus. Durch den einfachen, überwiegend nur auf alternierender Echotechnik basierenden Aufbau, hat die Doppelchörigkeit in den vorliegenden drei Fällen eigentlich nur eine rein akustische Funktion der räumlichen Trennung. Würde Galuppi sich hier nicht von der Vorstellung der akustischen Erschließung des Raumes leiten lassen, so könnten die Werke theoretisch auch nur von einem einzelnen Chor aufgeführt werden.

Galuppi orientiert sich in der Werkanlage und Besetzung seiner doppelchörigen Werke an dem Grad der Bedeutsamkeit der liturgischen Texte. Wie die letzen Beispiele zeigen, werden Texte mit einem geringeren liturgischen Stellenwert entsprechend weniger komplex umgesetzt als beispielsweise Eröffnungs- und Schlusssätze in *Laudate pueri*- oder *Kyrie*-Vertonungen. Dort übernehmen Vokal- und Instrumentalpart eine meist gleichberechtigte Funktion, wohingegen in den einfacher konzipierten Werken eine klare Trennung zwischen melodieführendem Instrumentalpart und klangergänzendem Vokalpart vollzogen wird. Das Nacheinander gleicher Textabschnitte bei zwei Chören, meist in kurzzeitiger Verschiebung ihrer Einsätze, erzeugt Echoeffekte; die Zusammenführung der Chöre sorgt für Klangfülle und schafft damit mächtige Schluss- oder Kulminationswirkungen.

Bsp. 1: Antonio Biffi *Magnificat* (T. 1-4)

Bsp. 3: *Laudate pueri* G-Dur (II/38) (*Quis sicut*, T. 32-37)

Bsp. 4: *Laudate pueri* G-Dur (II/39) (*Quis sicut*, T.- 22-25)

Bsp. 5: *Miserere* c-Moll (II/45) (1. Satz, T. 12-20)

147

Bsp. 6: *Domine probasti me* D-Dur (Ⅰ/19) (T. 12-16)

VIII. GALUPPIS GLORIA UND CREDO-VERTONUNGEN IM VENEZIANISCHEN KONTEXT

Galuppi war mit seinen Messenkompositionen dem im 17. und 18. Jahrhundert in ganz Italien verbreiteten Typus der *Messa concertata* verhaftet, der in der Literatur auch als *Kantaten-* oder *Nummernmesse* bezeichnet wird. Je nach Region konnte sie vereinzelte individuelle Züge aufweisen (nach einzelnen differierenden Merkmalen wurden z.b. venezianische, römische und neapolitanische Messen unterschieden).[257] Bei allen regionalen Abweichungen verband jedoch die *Messa concertata* das konzertierende Prinzip der aus Gesangssolisten, Chor und Orchester bestehenden Messensätze. Die Zusammensetzung der Messe zeigte dagegen eine weitgehend flexible Gestaltung: je nach lokalen Erfordernissen umfasste die Struktur der *Messa concertata* sowohl komplette Messzyklen als auch unterschiedliche Konstellationen wie Einzelsätze, *Kyrie-Gloria*-Messen (sog. *Messa di Gloria*) oder mehrsätzige Zusammenstellungen aus Einzelsätzen.[258] Diese freie Gestaltungsmöglichkeit des gesamten Messzyklus zeichnet auch Galuppis Messen aus. In der Überlieferung seiner Messenkompositionen dominieren Einzelsätze, die verschiedentlich zu Messen zusammengestellt wurden; eine stilistische Einheitlichkeit spielte dabei offenbar keine Rolle.

Galuppis dreisätzige Messe von 1775 (II/6) (für San Marco komponiert) ist seine einzige vollständige in autographer Partitur überlieferte Messe. Sie entspricht in ihrer Dreisätzigkeit der damals in Venedig üblichen Messenform, bei der *Sanctus* und *Agnus Dei* entweder durch einen Motetto oder ein Instrumentalstück ersetzt wurden. Vom Umfang sind die drei Sätze wesentlich kürzer gestaltet, als die separat als Einzelsätze überlieferten *Gloria-* und *Credo*-Kompositionen. In ihrer Besetzung mit gemischtem Chor und Soli, Bläsern, Streichern und Basso continuo weist die Messe (II/6) keinen Unterschied zur sonst üblichen Besetzung auf.

Unter den von Galuppi heute überlieferten einzelnen Messensätzen sind die Ordinariumteile *Gloria* und *Credo* am häufigsten vertreten. Im Fall von Werken, die für San Marco entstanden, war es in Galuppis Amtszeit als *maestro di cappella* in der Regel üblich, die Komposition des *Kyrie* dem ersten Organisten zu überlassen. Die beiden bedeutenderen Messensätze *Gloria* und *Credo* hingegen wurden vom *maestro di cappella* komponiert.[259] Nach Helmut Hucke basiert das Phänomen der separat überlieferten *Gloria*-Vertonungen auf einer norditalienischen, spezifisch venezianischen Tradition, die schon bei Monteverdi sowie Andrea und Giovanni Gabrieli anzutreffen ist. Hucke vermutet, dass auf Grund seiner Länge das venezianische

---

257 Ausführlicher zum Modell der *Messa concertata* siehe Thomas Hochradner, *Erfolgsmodell: die Messa concertata*, in: *Handbuch der musikalischen Gattungen* Bd. 9: *Messe und Motette*, hrsg. von Horst Leuchtenmann/Siegfried Mauser, Laaber 1998, S. 189-264.

258 Thomas Hochradner, *Erfolgsmodell: die Messa concertata*, in: *Handbuch der musikalischen Gattungen*, Bd. 9: *Messe und Motette*, hrsg. von Horst Leuchtenmann/Siegfried Mauser, Laaber 1998, S. 189, 191.

259 Berthold Over, *Notizie settecentesche sulla musica di San Marco: I Notatori di Pietro Gradenigo*, in: *La Cappella Musicale di San Marco nell'età moderna*, 1998, S. 26.

Gloria nicht für das Hochamt, sondern für die stille Messe, die *Missa lecta,* bestimmt war. Die einzeln überlieferten *Credo*-Vertonungen hingegen sind wahrscheinlich überwiegend Ergänzungen für fehlende *Credo*-Sätze in Ordinarienvertonungen.[260] Um Galuppis Beitrag zur Herausbildung bzw. Weiterentwicklung des im 18. Jahrhundert für Venedig bestimmenden *Gloria*-Typus ermessen zu können, wird im Folgenden ein Vergleich seines bereits frühklassische Züge tragenden *Gloria* A-Dur (I/32) aus dem Jahre 1761[261] mit zwei bekannten Vertonungen venezianischer Komponisten, die in der Chronologie eine Generation vor ihm einzuordnen sind, vorgenommen. In der Anlage und Besetzung vergleichbar sind hierbei Antonio Vivaldis *Gloria* D-Dur RV 589 (1716)[262], sowie das *Gloria* G-Dur aus der *Missa Sapientiae* des Galuppi-Lehrers Antonio Lotti (Entstehungszeit unbekannt).[263] Der Generationsunterschied von Vivaldi und Lotti zu Galuppi lässt Unterschiede, Entwicklungsstufen und Parallelen der *Gloria*-Kompositionen deutlicher hervortreten.

Eine Übersichtstabelle soll die äußeren Formmerkmale wie Satzaufteilungen, Besetzungen und Tonartendispositionen der drei *Gloria*-Vertonungen aufzeigen.

Tabelle 21: Vergleich Lotti, Vivaldi und Galuppi

	Lotti	Vivaldi	Galuppi
Gloria in excelsis Deo	G-Dur, Allegro Soli/Chor SSATB Tr, Ob I, II (ad. lib.), VV, Va I, II, Bc	D-Dur, Allegro Chor SATB Ob, Tr, VV, Va, Bc	A-Dur, Allegro Chor SATB Tr I, II, Hr I, II, Ob I, II, VV, Va, Bc
et in terra pax hominibus bonae voluntatis.		h-Moll, Andante Chor SATB VV, Va, Bc	fis-Moll, Larghetto BB soli VV, Va, Bc

---

260 Vgl. HUCKE 1982, S. 192, 194.
261 Baldassare Galuppi, *Gloria* A-Dur, hrsg. von Hermann Müller, Edition Kunzelmann, Adliswil/Zürich, Lottstetten 1984. Von diesem *Gloria* sind drei Partiturabschriften überliefert: I-Vnm, It.Cl.IV.n.912/913/914. Die Jahreszahl 1761 ist nur auf einer Partitur (I-Vnm, It.Cl.IV.n.914) notiert. Bei der Partitur I-Vnm, It.Cl.IV.n.912 handelt es sich vermutlich um ein Autograph Galuppis.
262 Antonio Vivaldi, *Gloria* D-Dur RV 589, hrsg. von Michael Talbot, Ricordi 2002. Ausführlicher zu Vivaldis *Gloria* RV 589 vgl. TALBOT 1995, S. 329-351.
263 Antonio Lotti, *Missa Sapientiae,* hrsg. von Wolfgang Horn unter Mitarbeit von Kirsten Beißwenger, Stuttgart 1991. Diese Partitur gibt die für eine Aufführung am Dresdener Hof bearbeitete Fassung von Jan Dismas Zelenka wieder. Dabei wurde das Instrumentarium um Oboen und Flöten erweitert.

Laudamus te, benedicimus te, adoramus te, glorificamus te,	C-Dur, Vivace Soli (ad lib.) Chor SSAATB Ob I, II, Fag, VV, Va, Bc	G-Dur, Allegro SS soli VV, Va, Bc	D-Dur, Allegro Soli SA / Chor SATB Hr I, II, Fl I, II, VV, Va, Bc
gratias agimus tibi propter magnam gloriam tuam,	F-Dur, Adagio d-Moll, Andante Soli (ad lib.)/ Chor SSATB Tr, Ob I, II (ad lib.), VV, Va I, II, Bc	e-Moll, Adagio Chor SATB VV, Va, Bc	D-Dur, Andante Chor SATB Hr I, II, Fl I, II, Ob I, II, VV, Va, Bc
Domine Deus, Rex coelestis, Deus Pater om-nipotens.	G-Dur, Andante S solo Ob solo, Fl solo / V solo, Bc	C-Dur, Largo S solo V/Ob solo, Bc	G-Dur, Andantino S solo VV, Va, Bc
Domine Fili uni-genite, Jesu Christe,	D-Dur, Andante Soli ATB Ob I, II (ad lib.), VV, Va, Bc	F-Dur, Allegro Chor SATB VV, Va, Bc	
Domine Deus, Agnus Dei, Filius Patris,	G-Dur, Allegro Chor SATB Tr, V I, II/Ob I, II, Va I, II, Bc	d-Moll, Adagio A solo / Chor SATB VV, Va, Bc	
qui tollis peccata mundi, miserere nobis;	e-Moll, Andante Chor SSATTB V I, II/Ob I, II, Va I, II, Bc		e-Moll, Largo Soli/Chor SATB Hr I, II, Ob I, II, VV, Va, Bc
qui tollis peccata mundi,		e-Moll, Adagio Chor SATB VV, Va, Bc	
suscipe depreca-tionem nostram.	G-Dur, Allegro Chor SSATTB V I, II/Ob I, II, Va I, II, Bc	Largo	e-Moll, Allegro Soli SA Chor SATB Hr I, II, Ob I, II, VV, Va, Bc
Qui sedes ad dex-teram Patris, miserere nobis.	a-Moll, Grave / Andante Chor SSATB Ob, VV, Va I, II, Bc	h-Moll, Allegro A solo VV, Va, Bc	C-Dur, Larghetto S solo VV, Va, Bc

Quoniam tu solus Sanctus, tu solus Dominus, tu solus Altissimus, Jesu Christe,	C-Dur, Vivace Soli SABB Tr, Ob, VV, Va I, II, Bc	D-Dur, Allegro Chor SATB Tr, Ob, VV, Va, Bc	D-Dur, Andante Solo A Chor SATB Hr I, II, Ob I, II, VV, Va, Bc
cum Sancto Spiritu in gloria Dei Patris. Amen.	G-Dur, Vivace Chor SSATB Tr, Ob I, II, VV, Va I, II, Bc	D-Dur, Allegro Chor SATB Tr, Ob, VV, Va, Bc	A-Dur, Allegro Chor SATB Tr I, II, Hr I, II, Ob I, II, VV, Va, Bc

Die Übersicht zeigt, dass sich zwischen den drei *Gloria*-Vertonungen geringe Unterschiede in der Satzaufteilung ergeben: Lotti verbindet sein *Gloria* mit dem *Et in terra pax*, das bei Vivaldi und Galuppi jeweils als Einzelsatz vertont ist. Das *Domine Fili* und *Domine Deus, Agnus Dei* wird von Lotti und Vivaldi als separater Satz behandelt. Vivaldi trennt die zweite Texthälfte des *Qui tollis* als Einzelsatz ab und integriert den Text *Suscipe*.

Die Satzaufteilung innerhalb der übrigen *Gloria*-Vertonungen von Galuppi weicht von dem vorliegenden Beispiel nur insofern ab, als dort das *Et in terra pax* immer ein Bestandteil des Eingangssatzes ist und das *Laudamus te* nur sehr selten als separater Satz abgetrennt wird. Viel häufiger ist das *Laudamus te* in den Eröffnungssatz integriert, wobei es dennoch innerhalb eines Satzes durch solistische Besetzung, Orchesterzwischenspiel, imitatorisches Einsetzen der Stimmen oder ähnliche Mittel vom Rest herausgehoben wird.

Ein Vergleich der Tempowahl der drei vorliegenden *Gloria*-Kompositionen zeigt, von wenigen Abweichungen abgesehen, Parallelen, die alle vom Textinhalt geleitet werden.

In der Besetzung gleichen sich die Außensätze aller drei Werke: Zur Unterstreichung des feierlichen Charakters wird im Eingangssatz das volle Orchester mit Chor bzw. Vokalsoli und Chor verwendet, dessen Besetzung im Schlusssatz *Cum sancto spiritu* wieder aufgegriffen und somit eine Geschlossenheit des *Gloria* hergestellt wird. In den Binnensätzen findet eine Reduzierung der Instrumentalbesetzung statt, die Vivaldi am konsequentesten durch die fast vollständige Beschränkung auf Streicher und Basso continuo umsetzt. Soloinstrumente (Oboe, Flöte und Violine) verwenden nur Lotti und Vivaldi im Satz *Domine Deus*. Galuppi dagegen setzt in seinen übrigen *Gloria*-Vertonungen durchaus solistische Instrumente, wie Flöten, Oboen, Hörner, Viola (sie ist oft in eine erste und eine zweite Stimme geteilt), Violoncelli und Orgel ein.

Die Vokalbesetzung wechselt bei Vivaldi und Galuppi regelmäßig zwischen Chor und Soli bzw. Soli/Chor; bei Lotti ist dieser Wechsel nicht zu beobachten. Nur im Fall des *Domine Deus* ist bei allen drei *Gloria*-Vertonungen eine übereinstimmende

Besetzung mit solistischem Sopran und solistischen Instrumenten zu finden. Auch in Galuppis anderen *Gloria*-Kompositionen ist dieser Satz übereinstimmend für eine einzelne Stimme bzw. zwei Vokalsoli konzipiert. Reine Chorsätze sind bei ihm selten; häufiger wechseln Chor- und Soloabschnitte innerhalb eines Satzes einander ab. Innerhalb der Vokalsoli lässt Galuppi die Bläser pausieren – die Begleitfunktion übernehmen ausschließlich Streicher und Basso continuo.

In dem gleichzeitigen Einsatz von Vokalsoli und Chor innerhalb eines Satzes ist ein Unterschied zwischen Galuppi und den beiden älteren Komponisten zu beobachten: Galuppi verwendet Solostimmen und Chor, die zueinander in konzertierendem Wechsel stehen, viel häufiger, als Lotti und Vivaldi, die beide entweder reine Solo- oder nur Chorsätze bevorzugen. Diese Feststellungen trifft auch auf andere *Gloria*-Vertonungen Galuppis zu.

Lottis Eingangssatz in G-Dur wird von einem Instrumentalvorspiel mit einem solistischen Basso continuo eingeleitet, dessen Motiv (Takte 1-4) für den ganzen Satz bestimmend bleibt. Besondere Beachtung ist in diesem Satz auf die Textumsetzung zu legen. Der erste Textteil *Gloria in excelsis Deo* wird in solistischen Passagen (Sopran II - Alt, Sopran I – Sopran II, Tenor - Bass) musikalisch gegensätzlich gestaltet: das *Gloria* ist mit langsamen Ganztaktnoten (Dreihalbe) unterlegt (Takte 23f., 29f., 37f.) - das folgende *in excelsis Deo* bietet mit bewegten Achteltremoli (Takte 26f., 32f., 40f.) einen deutlichen musikalischen Kontrast. Besonders auffällig im Textausdruck wird das *Et in terra pax* interpretiert: der Bass führt auf diesen Worten eine herabsteigende Linie in Dreihalben aus (Takte 59-63). Sowohl die abwärts gerichtete melodische Linie (*terra*) als auch die langen Notenwerte als symbolhafter Ausdruck des Friedens (*pax*) tragen zur intensiven Textausdeutung bei und setzen in Übereinstimmung mit dem Wortsinn den sonst bewegten Charakter des Satzes für kurze Zeit außer Kraft. Auch die Instrumentalbegleitung passt sich dem Ausdrucksgehalt dieser Textstelle an: die Instrumente werden sehr stark zurückgenommen - der Basso continuo pausiert völlig, es spielen nur die Violinen, bis in den letzten beiden Takten auch sie vollständig verstummen. Als Kontrast wird die zweimalige Wiederholung dieses Abschnittes (Takte 67-71 im Bass, Takte 74-78 im Alt) jeweils von dem bewegten Satzmotiv (Takte 64-66, 72f.) unterbrochen. Insgesamt hat in diesem Eingangssatz der Vokal- und der Instrumentalpart eine gleichberechtigte Funktion.

Im Vergleich dazu ist Vivaldis Eingangssatz in D-Dur vor allem instrumental geprägt, so dass die nach der Instrumentaleinleitung einsetzenden Vokalstimmen eher wie zusätzlich eingeschoben wirken. Für den ganzen Satz bestimmend bleibt das in der Instrumentaleinleitung (Takte 1-16) aufgestellte Oktav-Motiv (Takte 1-4), welches im Satzverlauf erweitert und in sequenzierenden Ketten weitergeführt wird. So erklingt in den Takten 10-13 im Basso continuo das markante Oktav-Motiv in absteigenden Sekundschritten von cis nach G, begleitet von den Streichern, die ihre Sechzehntelfiguren ebenfalls in Sekundschritten herabführen. Die Textdeklamation des *Gloria* sowie *in excelsis Deo* ist hier, wie auch bereits bei Lotti, kontrasthaft gestaltet: das *Gloria* ist mit Tutti-Rufen im punktierten Rhythmus unterlegt (z.B. Takte

17f.), das *in excelsis Deo* dagegen, ist in ruhigen halben Noten gehalten (z.B. Takte 21-24). Bei Lotti ist das Prinzip genau umgekehrt: das *Gloria* ist mit langsamen Ganztaktnoten unterlegt und im Gegensatz dazu das *in excelsis Deo* mit bewegten Achteltremoli.

In Galuppis *Gloria* A-Dur wird der Eingangssatz von einer breit ausgeführten 33-taktigen Instrumentaleinleitung eröffnet, die von sich wiederholenden Zweitaktmotiven geprägt ist. Es zeigt sich, dass diese Art von motivischer Kleingliedrigkeit für Galuppi typisch ist. Die Einleitung wird von mehreren Akkordrepetitionen beschlossen, die die Tonart A-Dur manifestieren. Diese Form des Abschlusses ist auch für das Satzende gewählt worden. Danach setzt der Chor mit einem fanfarenartigen, im punktierten Rhythmus gestalteten Tutti ein, ähnlich dem von Vivaldi. Diese überaus jubilierenden *Gloria*-Auftakte sind bei Galuppi recht häufig zu finden. Eine kontrastierende Behandlung des Textes *Gloria* und *in excelsis Deo*, wie bei Lotti und Vivaldi, ist bei Galuppi nicht anzutreffen. Lediglich das *excelsis* und *Deo* werden besonders herausgehoben, indem zuerst der Bass (Takte 50-54, 57-62, 98-101, 105-109), dann der Sopran (Takte 81-85) und schließlich der Alt (Takte 91-94) diese Worte über vier bis fünf Takte quasi als Orgelpunkt ausgedehnt halten. Dabei werden die Vokalstimmen jeweils colla parte von den beiden Hörnern und dem Basso continuo bzw. den Trompeten und Oboen (Takte 91-94) unterstützt. Wie auch schon bei Vivaldi ist das *Gloria* von Galuppi primär vom instrumentalen Gedanken geprägt.

Vivaldi und Galuppi haben im Vergleich zu Lotti das *Et in terra pax* als separaten Teilsatz vertont, der jeweils gegenüber dem Eingangssatz in der parallelen Molltonart steht. Vivaldis Satz in h-Moll ist klar vokalzentriert: Nach dem imitatorischen Vokaleinsatz verweben sich die Vokalstimmen zu einer Klangfläche, die viele harmonische Reibungen und Entwicklungen enthält. Besonders hervortretend sind die chromatisch in fünf Stufen aufsteigenden Linien auf den Worten *bonae voluntatis,* die sich mehrmals durch alle Stimmgruppen ziehen. Die Instrumentalbegleitung, in der die beiden Violinen in konzertierendem Verhältnis zueinander stehen, tritt zugunsten des chorisch besetzten Vokalparts in den Hintergrund.

Kontrastierend zum Eröffnungssatz hebt sich Galuppis *Et in terra pax* durch die Molltonart fis-Moll und den Einsatz von zwei solistischen Bassstimmen ab, die den Textbezug zu *terra* herstellen. In der kurzen Instrumentaleinleitung (Takte 1-7) wird, ähnlich dem Eröffnungssatz, ein Zweitakt-Motiv aufgestellt, das beim Einsatz der Vokalstimmen von den beiden konzertierenden Bässen aufgenommen wird. Die Instrumentalbegleitung tritt in diesem Satz eher in den Hintergrund.

Alle drei Komponisten haben das *Laudamus te* als Einzelsatz vertont und setzen dabei durch die Verwendung eines raschen Tempos und der Dur-Tonart dem Textinhalt gemäß einen Kontrast zum vorangegangenen Textabschnitt.

Das *Laudamus te* wird bei Galuppi, wie schon erwähnt, selten als separater Teilsatz vertont. Der vorliegende Satz in D-Dur beginnt mit einer instrumentalen Einleitung, in der konzertierende Klanggruppen einander abwechseln. Die Einleitung wie auch das Schlussritornell klingen aus mit mehreren, für Galuppi charakteristischen, die Tonart bekräftigenden Akkordrepetitionen. Das konzertierende Prinzip setzt sich im ganzen Satz fort. Im Vokalpart treten nun erstmals seit Beginn des *Gloria* der solistische Sopran und Alt zum Chor hinzu; die beiden solistischen Stimmen treten mit dem als geschlossener Tutti-Block erscheinenden Chor in einen konzertierenden Wechsel. Im Chorabschnitt wird zur Hervorhebung des Textwortes *adoramus* wieder das gleiche Prinzip wie im Eingangssatz angewandt: Der Orgelpunkt auf *adoramus* wird über mehrere Takte zunächst vom Tenor und Bass (Takte 87-92), dann vom Sopran (Takte 102-104) gehalten, während die übrigen Stimmen parallel dazu unabhängig weiteragieren.

Der folgende Satz *Gratias* wird von allen drei Komponisten als kurzer, homophoner Tutti-Satz im langsamen Tempo vertont. Lotti verarbeitet den gesamten Text zunächst in einem 9-taktigen Tutti-Block, der tonartlich durch die Modulation von F-Dur nach d-Moll den darauffolgenden, textgleichen Satz vorbereitet. In diesem anschließenden, aufgelockerten d-Moll-Satz werden die beiden Texthälften *Gratias agimus tibi* und *propter magnam est* jeweils mit einem eigenen Soggetto unterlegt. Der Satz endet ungewohnt, indem die Instrumente allmählich aufhören zu spielen und der Schluss, nur noch von der ersten Violine und dem Bass ausgeführt, in D-Dur quasi ausläuft. Bei Vivaldi dagegen enthält der homophone Tutti-Block in e-Moll nur den ersten Textteil *Gratias agimus tibi*, der in den fugischen Teil *propter magnam* übergeht und nach verschiedenen Modulationen auf dem Schlussakkord in E-Dur endet. Galuppi wiederum gestaltet das gesamte *Gratias* als einen kurzen, blockhaften Tutti-Satz.

Galuppis Satz *Domine Deus*, der neben dem solistischen Sopran mit zwei colla parte geführten Violinen und dem Basso continuo besetzt ist, umfasst zusätzlich die bei Lotti und Vivaldi jeweils als Einzelsätze behandelten Textabschnitte *Domine Fili* und *Domine Deus, Agnus Dei*. Galuppis Satz weist in seiner Anlage als Da capo-Arie eine deutliche Opernanalogie auf: nach dem Eingangsritornell (Takte 1-14), das die für Galuppi bezeichnenden Zweitaktmotive enthält, folgen der erste Arienteil auf der Tonika G-Dur (Takte 14-37), dann das Binnenritornell auf der Dominante D-Dur (Takte 37-40), der zweite Arienteil ebenfalls in D-Dur (Takte 41-65) und schließlich das Schlussritornell wieder auf der Tonika (Takte 65-70). Ein Unterschied zur Opernarie besteht jedoch darin, dass hier nicht der gesamte Text in beiden Satzteilen vollständig wiederholt wird, sondern der Text ab *Domine Deus, Agnus Dei* auf den zweiten Satzteil verteilt ist. Lang ausgeführte Koloraturen auf *unigenite* und *patris* verstärken den Eindruck der Opernhaftigkeit.

Bei Lotti und Vivaldi sind die Textabschnitte *Domine Fili* sowie *Domine Deus, Agnus Dei* als Einzelsätze vertont. Eine Besonderheit des *Domine Deus, Agnus Dei* bei Lotti ist der cantus firmus des 8. Psalmtons. Diese Choralmelodie wird vom Sopran, nachdem die übrigen Vokalstimmen nacheinander imitatorisch eingesetzt haben, mit langen Notenwerten quasi in das Chor-Tutti eingewoben, so dass sie jedoch nur noch bedingt hörbar bleibt. In den Takten 15-22 wird die Choralmelodie von der Trompete durch ihre klangliche Überhöhung unterstützt.

Nach Vivaldis *Domine Fili* in F-Dur, das von einem in punktierten Achteln fortlaufend absteigenden Bass-Ostinato beherrscht wird, folgt der Satz *Domine Deus, Agnus Dei* in d-Moll, der zusätzlich den ersten Teil des *Qui tollis*-Textes enthält (bei Lotti und Galuppi als Einzelsatz behandelt). Am Satzbeginn wird der Basso continuo solistisch mit einem Motiv eingesetzt, das als Ostinato den weiteren Verlauf des Satzes bestimmt. Innerhalb der gesamten *Gloria*-Vertonung hat Vivaldi nur für diesen Satz die Vokalbesetzung in der Kombination von Solostimme und Chor gewählt. Dabei steht der solistische Alt, ausschließlich vom Basso continuo begleitet, jeweils im Wechsel mit acht kurzen, blockhaften Tuttiabschnitten des Chores. Die Textaufteilung auf die solistische Vokalstimme und den Chor entspricht nicht der exakten Reihenfolge des Textes, da einzelne Versatzstücke unterschiedlich neu kombiniert werden. Für die zweite Textzeile *Qui tollis peccata mundi* komponiert Vivaldi einen neuen Satz. Diesen teilt er in zwei Teile: ähnlich wie bereits im *Gratias* gestaltet er den ersten Abschnitt *Qui tollis peccata mundi* als einen homophonen Tutti-Block, der dann in den Tutti-Block des *Suscipe* mündet.

Lotti hat das *Qui tollis* in e-Moll als einen flächigen Vokalsatz konzipiert, der im Kontrast zur komplementärrhythmisch gestalteten Instrumentalbegleitung steht (hier ergänzen sich jeweils Violine II/Oboe II, Violine I/Oboe I, Viola I, II und der Basso continuo).

Galuppis Satz *Qui tollis,* ebenfalls in e-Moll, ist im Vergleich zu Lotti und Vivaldi eher konventionell gestaltet. Er beginnt instrumental mit einer Imitation, die nacheinander Viola, Violine II und Oboe II, Violine I und Oboe I ausführen, bevor dieses Eingangsmotiv vom Chor aufgegriffen wird. Im weiteren Verlauf bleibt die Besetzung hauptsächlich auf Chor und Streicher beschränkt, während die anfangs eingebundenen Oboen zusammen mit den Hörnern nur noch punktuell als kurze Einwürfe in Erscheinung treten. Das Wort *miserere* wird durch chromatische Abwärtsgänge der Vokalstimmen unterstrichen. Ein Zwischenritornell trennt den ersten Satzteil vom dem knapperen zweiten, der sowohl musikalische als auch textliche Elemente des ersten Teils unter Auslassung der Zeile *miserere nobis* wieder aufnimmt.

Lotti gestaltet sein *Suscipe*, das bei Vivaldi in den *Qui tollis*-Satz integriert ist, als Einzelsatz und bildet mit der Tonart G-Dur und dem schnellen Tempo (Allegro) einen Kontrast zu dem vorhergehenden *Qui tollis*. Bestimmendes Element dieses Satzes sind konzertierende vokale und instrumentale Klanggruppen, die durch das als Satzgliederungselement dienende Motiv der Instrumentaleinleitung (über eine Oktave absteigende Sechzehntelskalen, Takte 31 ff.) zusammengehalten werden. Auch Galuppi verwendet für den *Suscipe*-Satz das Kontrastprinzip, in dem er ihn, wie Lotti, durch Tempo- und Taktwechsel (von Largo zu Allegro, von 2/2 zu 3/8) von dem vorausgegangenen Satz *Qui tollis* absetzt. Der Text und das Eingangsmotiv werden in Galuppis Satz mehrfach, fast etwas plakativ, wiederholt.

Lotti gliedert den Text des *Qui sedes* und damit auch den Satz in zwei Teile. Sein *Qui sedes* ist ein homophoner, langsamer Tutti-Block in a-Moll. Für den darauffolgenden Textabschnitt *miserere nobis* wiederholt Lotti auf Grund der Textgleichheit noch einmal den ersten Teil des *Qui tollis*-Satzes, diesmal etwas variiert in a-Moll (dort Takte 11-20). Eine Besonderheit des *Qui sedes* ist dessen Schluss. Durch die kontinuierliche Reduzierung der Instrumentalbesetzung entsteht der Eindruck des Verklingens, bei dem am Ende nur noch die 1. Violine (je nach Besetzungsprinzip auch noch die Oboe) ohne Basso continuo-Fundament übrig bleibt (ähnlich wie bereits im *Gratias*).

Das folgende *Quoniam tu solus* hat Lotti als locker gebauten Satz komponiert, in dem verschiedene Klanggruppen miteinander in einen konzertierenden Wechsel treten (Basso continuo zusammen mit der Trompete und den Oboen, zwei Bässe zusammen mit dem Sopran und Alt).

Vivaldi wiederum gestaltet sein *Quoniam tu solus* als extrem verkürzte Variante des Eingangssatzes, die durch Auslassung der Modulationsabschnitte gebildet wird.

In Galuppis *Quoniam tu solus* D-Dur steht der solistische Alt im Wechsel mit dem Chor. Die Instrumentaleinleitung baut wieder auf den bei Galuppi beliebten Zweitakt-Gruppen auf und am Schluss treten auch wieder die markanten Akkordrepetitionen in Erscheinung. Im anschließenden Abschnitt wird der solistische Alt ausschließlich durch die Streicher ohne Beteilung des Basso continuo begleitet, während der Choreinsatz vom vollen Orchester unterstützt wird.

Die für den Schlusssatz *Cum sancto spiritu* übliche Fuge wurde von allen drei Komponisten unterschiedlich gestaltet. Lotti wählt als Schlusssatz keine reine Fuge, sondern einen konzertierenden Satz, der mit fugischen Elementen angereichert wird. Den beiden Textabschnitten *Cum sancto spiritu* und *Amen* ordnet er dabei zwei unterschiedliche Soggetti zu, die zur motivischen Grundlage des Satzes werden und im weiteren Satzverlauf miteinander verschränkt erklingen.

Das *Cum sancto spiritu* in Vivaldis *Gloria* hingegen stammt nicht von ihm, sondern von Giovanni Maria Rugieri. Es entstand 1708 und wurde von Rugieri ursprünglich als doppelchöriges Stück konzipiert.[264] Der Satz ist als Doppelfuge angelegt, in der zunächst der Bass das Thema und der Sopran das Gegenthema intoniert, beide Stimmen nur vom Basso continuo begleitet. Erst wenn im Instrumentalzwischenspiel das Thema aufgenommen wird, beteiligen sich auch die Instrumente am weiteren Satzverlauf.

Wie bei Galuppi üblich, gestaltet er seinen Schlusssatz *Cum sancto spiritu* als Fuge. Jedoch fehlt diesmal die sonst bei ihm anzutreffende Einleitung in Form eines kurzen homophonen Tutti-Blocks. Das fugische Einsetzen der Stimmen zeigt die für Galuppi typische konsequente colla-parte-Führung der Instrumente zusammen mit den Vokalstimmen: Sopran – Violine I, Oboe II, Alt - Violine I, Oboe I, Tenor – Viola, Bass – Basso continuo. Ungewöhnlich hingegen ist die Textaufteilung auf die Vokalstimmen: unmittelbar zu Beginn des *Cum sancto spiritu* setzt der Tenor mit dem regulären Text ein, und zwei Takte später beginnt der Bass parallel zum Tenor mit einem Kontrasubjekt auf dem Wort *Amen* (Bsp. 1, Takt 3). Sobald der Tenor in seinem Textverlauf das *Amen* erreicht, setzt der Alt mit der zweiten tonalen Beant-

---

264 Vgl. Partiturausgabe, Critical Notes, S. 162.

wortung regulär ein (Bsp. 2, Takt 8). Der Tenor übernimmt nun das *Amen*-Kontrasubjekt der Bassstimme, und der Bass führt sein *Amen* variiert weiter (Bsp. 2, Takt 12 ff.). Das gleiche Verfahren folgt auch bei der dritten und vierten tonalen Beantwortung durch die Sopran- bzw. Bassstimme. Dieser Vorgang lässt insgesamt eine dichte Textur entstehen. Der weitere Satzverlauf ist dann nicht mehr streng fugisch, sondern im freien Kontrapunkt gestaltet, mit teilweise unvollständigen Themeneinsätzen. Insgesamt ist diese Art der Fugenverarbeitung im Vergleich zu Galuppis übrigen *Cum sancto spiritu*-Fugen atypisch, da dort die einzelnen Stimmen beim expositionellen Einsetzen in traditioneller Weise klar voneinander getrennt sind.

Bsp. 1

Bsp. 2

Vergleicht man alle drei Kompositionen nach ihrem Verhältnis von Instrumental- und Vokalsatz, so zeigt sich, dass bei Vivaldi die Satzideen häufig von der Instrumentaleinleitung ausgehen, deren Motive dann auf die Vokalabschnitte übertragen werden.[265] Lotti verwendet in seinen Sätzen vor allem das konzertierende Prinzip, indem er meist kurze, melodische Gedanken auf verschiedene Klanggruppen überträgt; die motivische Verarbeitung dieser melodischen Vorgaben erfolgt in mehreren Modulationsabschnitten und bestimmt so den gesamten Satz. Galuppi steht zwischen beiden. Formal ist bei ihm häufiger ein zweiteiliger Satzbau zu finden, der bei Lotti und Vivaldi in seiner strengen Form nicht vorkommt. Galuppi eröffnet seine Sätze mit einer Instrumentaleinleitung, deren Motiv später beim Einsetzen der Vokalstimmen meist von den Instrumenten weiter geführt und seltener von den Vokalstimmen aufgenommen wird. Nach einem kurzen Zwischenspiel, das oft auf dem Material der Einleitung basiert, beginnt bei ihm der zweite Satzteil, der den ersten Abschnitt variierend und verkürzt wieder aufnimmt. Der Text wird dabei ebenfalls wiederholt, gelegentlich wird aber am weiteren Versablauf festgehalten. Der zweite Satzteil kann sich jedoch motivisch auch vollkommen unabhängig vom ersten Teil weiterentwickeln. Insgesamt zeichnet sich in der musikalischen Umsetzung bei Galuppi im Vergleich zu Lotti und Vivaldi eine Hinwendung zu mehr Klarheit und Einfachheit des Satzes ab, in dem sich sowohl konzertant als auch polyphon verarbeitete Teile auf eine ebenso klare und einfache Harmonik stützen.

Einige der charakteristischen Merkmale von Galuppis *Credo*-Vertonungen werden im Folgenden anhand bestimmter Einzelphänomene dargestellt. Eine Besonderheit stellt die Behandlung der ersten Textzeile *Credo in unum Deum* - der Schlüsselaussage im Credotext - in Galuppis *Credo* F-Dur (I/1) von 1749 und C-Dur (I/33) aus dem Jahre 1781 dar. Diese Textzeile wird traditionell jeweils zwischen die einzelnen Glaubenssätze, die eigentlich Aufzählungsreihen darstellen, eingeschoben. Das damit verbundene Thema kehrt somit im Verlauf des Satzes bei der Textwiederholung immer wieder. Dieser Typus der Textbehandlung innerhalb einer *Credo-Messe* - berühmte Beispiele dafür sind Mozarts Messen KV 192 und 257 - tritt bereits in der ersten Hälfte des 18. Jahrhunderts bei italienischen Komponisten wie Niccolò Jomelli[266], Luca Antonio Predieri, Giovanni Giorgi sowie zahlreichen Komponisten

---

265 Hierzu schreibt HUCKE 1982, S. 201 f.: „Vivaldi überträgt das Konzertritornell in die Kirchenmusik [...]. Die musikalische Erfindung der Sätze geht vom Ritornell aus, nicht etwa von der Deklamation des Textes: Vivaldi erfindet ein Ritornell, das den Affekt des Textabschnittes wiedergibt, den er vertonen will. Die Melodisierung des Textes im Einzelnen ist dann Teil der Ausarbeitung des Satzes. Die offensichtliche Affinität des kirchenmusikalischen Satzstils Vivaldis zu seinen Konzerten beruht nicht darauf, daß ihm etwa in der Kirchenmusik Figuren und Techniken des Instrumentalkonzerts unterlaufen, sondern daß er Kirchenmusik auf die gleiche Weise komponiert wie ein Instrumentalkonzert."

266 Vgl. dazu die Ausführungen von Wolfgang Hochstein zu Jommellis Messe D-Dur 1766, in: Wolfgang Hochstein, *Die Kirchenmusik von Niccolò Jommelli (1714-1774)*, Hildesheim, Zürich, New York 1984, Bd. I, S. 164f.

im Umkreis des Wiener Kaiserlichen Hofes, u.a. bei Johann Joseph Fux und Francesco Conti, auf.[267]

Im *Credo* F-Dur (I/1) wird die Textpassage *Credo in unum Deum* vor jeden relevanten Textabsatz in der Aufzählung zusätzlich eingefügt, wobei das Wort *Credo* dreifach wiederholt wird. Dadurch ergibt sich folgender Textaufbau:

Credo, credo credo credo in unum Deum
    Patrem omnipotentem,
    factorem caeli et terrae,
    visibilium omnium et invisibilium.
Credo, credo, credo in unum Deum
    Et in unum Dominum Jesum Christum
    Filium Dei unigenitum
Credo, credo, credo in unum Deum
    et ex Patre natum ante omnia saecula.
    Deum de Deo, lumen de lumine
    Deum verum de Deo vero,
Credo, credo credo in unum Deum
    Genitum, non factum,
    consubstantialem Patri:
    per quem omnia facta sunt,
    Qui propter nos homines
    et propter nostram salutis
    descendit de caelis.

Die Wiederholungssequenzen *Credo in unum Deum* weichen in ihrer musikalischen Umsetzung von der ersten *Credo*-Zeile (Bsp. 3) etwas ab, da die dreimalige Wiederkehr des *Credo* von jeweils unterschiedlichen Tonstufen aus mit deutlicher Steigerungstendenz erfolgt. (Bsp. 4, 5, 6).

Neben der rhythmischen Belebung des Vokalparts innerhalb der *Credo*-Wiederholungen (die Viertel- und Dreiviertelnoten in der Eröffnungszeile, werden zu Achteln und Sechzehnteln, teilweise sogar punktiert, gewandelt), ist es vor allem der Instrumentalpart, der die innere Bewegtheit des *Credo in unum Deum* widerspiegelt: jede Wiederholung dieser Textzeile wird in den Violinen durch ein sequenzartiges Höhersteigen des Zweitaktmotivs mit einer Erweiterung des Tonrahmens begleitet. Stiegen die beiden ersten Anfangsachteln des Motivs an der ersten *Credo in unum Deum*-Stelle (Bsp. 3, Takte 1-7) nach oben (dabei weitete sich der Intervallrahmen von der Terz bis zur Oktave), sind sie nun bei der ersten Text-Wiederholung zunächst nach unten gerichtet (Bsp. 4, Takte 34-36). Im weiteren Verlauf nehmen sie dann aber wieder die aufsteigende Richtung auf und setzen die

---

267 Ausführlicher zur *Credo*-Messe siehe Georg Reichert, *Mozarts „Credo-Messen" und ihre Vorläufer,* in: *Mozart-Jahrbuch* 1955, S. 117-144. Reichert bezieht sich in seinen Untersuchungen vor allem auf Beispiele aus der Wiener kirchenmusikalischen Tradition in der ersten Hälfte des 18. Jahrhunderts (u.a. Johann Georg Reinhardt, Matthias Oettl, Francesco Conti, Johann Joseph Fux).

Weitung des Intervallrahmens fort. Dies gilt auch für die noch folgenden Wiederholungen (Bsp. 5, Takte 48-52 und Bsp. 6, Takte 72-76). Das permanente Ausgreifen des Tonrahmens in den Violinen unterstreicht und festigt die bereits durch die Wortwiederholungen verstärkten *Credo*-Rufe.

Bsp. 3 [268]: Satzbeginn, *Credo* F-Dur (I/1)

---

268 Hörner und Viola wurden in den Notenbeispielen weggelassen.

Bsp. 4: 1. Credo-Wiederholung, *Credo* F-Dur (I/1)

Bei der zweiten und dritten Textwiederholung (Bsp. 5, Takte 48-52 und Bsp. 6, Takte 72-76) nehmen Sopran und Bass als Rahmenstimmen ebenfalls das in Sekundschritten sequenzierende Aufsteigen des Motivs auf.

Bsp. 5: 2. Credo-Wiederholung, *Credo* F-Dur (I/1)

Bsp. 6: 3. Credo-Wiederholung, *Credo* F-Dur (I/1)

Die zweite *Credo*-Vertonung dieses Typs, das *Credo* C-Dur (I/33) aus dem Jahre 1781, ist mit zwei solistischen Sopranen und einem Alt, gemischtem Chor, Streichern, jeweils zwei Trompeten und Oboen und Basso continuo besetzt. Die Behandlung der Textzeile *Credo in unum Deum* und deren musikalische Umsetzung erfolgt nach dem gleichen Prinzip wie bereits für das *Credo* F-Dur (I/1) beschrieben. Das *Credo in unum Deum* (Bsp. 8) wird hier dreimal zusätzlich zwischen die Aufzählungszeilen eingeschoben: das erste Mal sofort nach der Exposition der ersten Textzeile (Bsp. 7), die zweite Wiederholung findet sich vor *Et in unum Dominum* (Bsp. 9) und abschließend erscheint es dann vor *Genitum, non factum* (Bsp. 10). Das Wort *Credo* tritt dabei zusätzlich, wie schon im Fall der Vertonung F-Dur (I/1), dreifach hintereinander bekräftigend auf und auch die Wiederholungen der Textpassage (Bsp. 8, 9, 10) weichen wie schon bei der früheren Komposition musikalisch von dem *Credo*-Beginn ab (Bsp. 7). Auch hier erfolgen die Wiederholungen von verschiedenen Tonstufen aus und weisen insgesamt eine, bereits beim *Credo* F-Dur (I/1) festgestellte, Steigerungstendenz durch Verkürzung der Notenwerte in den Vokalstimmen auf (von Vierteln und Halben zu Dreiviertel, Halben, Viertel und Achteln in den Wiederholungen). Der Instrumentalpart trägt ebenfalls – wie im vorangegangenen Beispiel – zur Unterstreichung der *Credo*-Textzeile bei, indem das Motiv der Violine in den Wiederholungen sequenzierend höher steigt. Zugleich verdichtet sich der Intervallrahmen des Motivs, das ebenfalls repetierende Elemente enthält, von der Oktave hin zur Septime und Sexte (vgl. Violinen und Bass, Bsp. 8, Takte 21-23; Bsp. 9, Takte 39-41; Bsp. 10, Takte 67-69).

In dem sonst weitgehend colla parte geführten Chor tritt bei jeder Wiederholungsstufe jeweils eine Stimme aus der Reihe heraus und bildet mit einem auf zwei lange Notenwerte gedehnten *Credo* eine vokale Stütze für die übrigen Stimmen: zuerst der Sopran (Bsp. 8, Takte 21/22), dann der Alt (Bsp. 9, Takte 39/40) und schließlich der Tenor (Bsp. 10, Takte 67/68).

Bsp. 7 [269]: Satzbeginn, *Credo* C-Dur (I/33)

---

269 Die Trompeten, Oboen und Viola wurden in den Notenbeispielen weggelassen.

Bsp. 8: 1. Credo-Wiederholung, *Credo* C-Dur (I/33)

Bsp. 9: 2. Credo-Wiederholung, *Credo* C-Dur (I/33)

Bsp. 10: 3. Credo-Wiederholung, *Credo* C-Dur (I/33)

Eine weitere Besonderheit zeigt die Vertonung des Satzes *Et incarnatus* in Form eines Accompagnato-Rezitativs für Sopran, Streicher und Basso continuo. Das Vorhandensein von Rezitativen innerhalb von Messenkompositionen ist äußerst ungewöhnlich. Nach Helmut Hucke waren Rezitative im 18. Jahrhundert in Italien grundsätzlich kein Bestandteil von Messensätzen.[270] In Galuppis erhaltenen Messenkompositionen sind Rezitative noch in vier weiteren Fällen anzutreffen, und zwar alle in *Gloria*-Kompositionen: so in den Sätzen *Gratias* im *Gloria* D-Dur (I/25) von 1781, *Qui sedes* im *Gloria* G-Dur (I/31) von 1782, *Cum sancto spiritu* (statt des einleitenden Tutti-Blocks) im *Gloria* D-Dur (I/10) von 1766 sowie in dem undatierten *Gloria* D-Dur (I/26). Alle Werke einschließlich des *Credo* F-Dur (I/33) wurden für San Marco komponiert und enthalten die Vorschrift, sie vom *palchetto* aus zu musizieren.

Alle Rezitative innerhalb der *Gloria*- und *Credo*-Vertonungen sind als kurze 5 bis 14-taktige Accompagnato-Rezitative gestaltet, die sowohl mit einer einfachen Beglei-

---

270 „[...] die Messensätze enthalten niemals ein Rezitativ, Psalmvertonungen höchst selten. Das Rezitativ ist in der italienischen Kirchenmusik des 18. Jahrhunderts in aller Regel an nicht-biblische und nichtliturgische Texte, also an zeitgenössische Poesie gebunden. Dem liegt nicht nur eine Unterscheidung von „Kirchenstil" und nichtkirchlichem Stil zugrunde, sondern die Tatsache, daß die liturgischen und biblischen Texte sich den ästhetischen Prinzipien, die für die Oper und die Kantate gelten, weitgehend entziehen." HUCKE 1982, S. 198. Zu Rezitativen innerhalb der Laudate pueri-Vertonungen siehe auch das Kapitel VI. Grossangelegte Psalmkompositionen am Beispiel der Laudate   pueri-Vertonungen. In Form eines Accompagnato-Rezitativs ist der Satz Ne proicias me a facie tua im Miserere Es-Dur (II/47) 1776, sowie der Satz Tunc acceptabis sacrificium in einem weiteren Miserere Es-Dur (II/46) vertont. Nach Magda Marx-Weber traten in den letzten Jahrzehnten des 18. Jahrhunderts verstärkt Rezitative in Miserere-Vertonungen Norditaliens und Süddeutschlands auf. Vgl. Magda Marx-Weber, *Rezitative in Psalm- und Stabat-mater-Vertonungen des 18. Jahrhunderts*, in: *Liturgie und Andacht. Studien zur geistlichen Musik*, 1999, S. 212.

tung bedacht sind, bei der die Streicher zusammen mit dem Basso continuo nur in Form von kurzen Akkordeinwürfen auftreten, als auch eine verhältnismäßig eingeständige Instrumentalbegleitung erhalten, die z.B. auch für die zwei- bis dreitaktigen Vorspiele vorgesehen ist (Bsp. 11). Neben den einstimmigen Rezitativen für solistischen Sopran oder Alt gibt es auch zweistimmige Rezitative für Sopran und Alt, in denen die beiden Stimmen nacheinander angeordnet die gleichen Motive wiederholen (Bsp. 12), so z.B. in den drei *Gloria*-Vertonungen D-Dur (I/10), (I/25), (I/26). Diese Rezitative haben jeweils eine überleitende Funktion. Zum einen zu ausgedehnten Solosätzen (*Gloria* D-Dur [I/25] und G-Dur [I/31]), zur Schlussfuge *Cum sancto spiritu* (*Gloria* D-Dur [I/10], D-Dur [I/26]), sowie zum Chor-Tutti (*Credo* [I/33]).

Bsp. 11 *Credo* C-Dur (I/33)

Bsp. 12 *Gloria* D-Dur (I/10)

Die hier betrachteten Messensätze Galuppis verbindet ihre große musikalische Farbigkeit. Die intensive motivisch-thematische Arbeit vereinigt sich mit der Virtuosität konzertanter Abschnitte, ungewöhnlicher rhythmischer Vielfalt und melodischem Reichtum. Vokale Solostimmen und Instrumente, in der Regel jeweils zwei Hörner, Oboen, Streicher und Basso continuo, werden fast gleichberechtigt behandelt. Dichte Satztexturen kontrastieren mit transparenten Satzteilen und polyphon gestalteten Elementen.

IX. ZUSAMMENFASSUNG

„Bach klagt über den itzigen Verfall der Musik. Er schreibt ihn der komischen Musik
zu und sagte mir, dass Galuppi selbst, der einer von den ersten komischen Komposi-
toren ist ... versichert habe, daß der Geschmack an der komischen Musik sogar die alte gute Musik aus den Kirchen in Italien verdränge [...]. "

So die Äußerung von Gotthold Ephraim Lessing über Fragen der zeitgenössischen
Musik, die auf Aussagen von Carl Philipp Emanuel Bach während ihrer Begegnun-
gen in Hamburg (April 1767 bis April 1770) beruht.[271] Bezogen auf Baldassare Galuppi stimmt dieses Urteil jedoch keineswegs: Galuppi, selbst einer der führenden
Vertreter der opera buffa des Settecento, erlangte gerade seit den 1760er Jahren,
genauer seit seiner Einführung 1762 in das Amt des *maestro di capella* von San Marco, den größten Ruhm als Komponist kirchenmusikalischer Werke.

Aufgabe der vorliegenden Arbeit war es, mit Hilfe einer umfassenden Materialsich-
tung und -erschließung Galuppis Beitrag zur italienischen Kirchenmusik des 18.
Jahrhunderts zu definieren, ihn einzuordnen sowie dessen Bedeutung und Rang
anhand ausgewählter Beispiele aufzuzeigen.
Angesichts des vorgefundenen Quellen-Desiderats kristallisierten sich die Quellen-
Untersuchungen zu einem eigenständigen Gegenstand der vorliegenden Studie heraus. Im Ergebnis der Quellenaufnahme wurde ein umfassendes, auf dem heutigen
Kenntnisstand der Überlieferung basierendes thematisch-systematisches Werkverzeichnis der Kirchenmusik von Galuppi erstellt. Dessen Erarbeitung stellt einen
Beitrag zur Erschließung des Werkbestandes in diesem Teilgebiet des Schaffens
von Galuppi dar und leistet auf diese Weise eine grundsätzliche wie praktische Hil-
festellung für die dringend notwendige Belebung der Galuppi-Forschung.

Galuppis Wirken als Kirchenmusikkomponist währte länger als ein halbes Jahrhundert: Die früheste erhaltene Komposition ist die 1733 entstandene Psalm-

---

271 Gotthold Ephraim Lessing, *Kollektaneen*, in: *Lessings Werke*, hrsg. von Julius Petersen und
Waldemar von Olshausen, Teil 19, Berlin 1929, S. 213f.. Auf seiner Reise nach St. Petersburg machte Galuppi im Oktober 1765 in Berlin Halt und besuchte dort Carl Philipp Emanuel Bach. In Bachs Selbstbiographie findet sich ein Hinweis auf das Zusammentreffen beider Komponisten im Zusammenhang mit der Erörterung gewisser Niedergangserscheinun-
gen in der Musikentwicklung der zweiten Hälfte des 18. Jahrhunderts. Bach bezieht sich in
seiner Aussage auf Galuppi, als er schreibt „Ich glaube mit vielen einsichtsvollen Männern,
daß das itzt so beliebte Komische, hieran [am Niedergang] den größten Antheil habe. Ohne
Männer anzuführen, welchen man vielleicht vorwerfen könnte, daß sie entweder gar nicht,
oder nur wenig Komisches gemacht haben, will ich einer der itztlebenden größten Meister
im Komischen, Signor Galuppi, nennen, welcher mir in meinem Hause zu Berlin vollkommen beypflichtete und einiger sehr lächerlichen Vorfälle, welche er sogar in einigen Kirchen
Italiens erlebt hatte, bey dieser Gelegenheit erwähnte". Carl Philipp Emanuel Bach, *Selbstbiographie*, S. 201f, in: *Carl Burney's der Musik Doctors Tagebuch seiner Musikalischen Reisen*, Bd. 3,
Hamburg 1773, Neudruck: Kassel/Basel usw. 1959.

Vertonung *Confitebor* G-Dur (II/5), sein vermutlich letztes Kirchenmusikwerk war das für San Marco komponierte *Gloria* E-Dur (I/27) aus dem Jahr 1784. Selbst die heute nur bruchstückhafte Überlieferung des ehemals vielfach größeren Kirchenmusik-Repertoires zeigt, dass Galuppi als Komponist geistlicher Musik eine hohe, mit seinem Opernschaffen vergleichbare Produktivität entwickelte. Ungeachtet der erlittenen Verluste lassen sich im vorhandenen Werkbestand Belege für alle wichtigen Gattungen der Kirchenmusik finden.

Galuppis Kirchenmusik erscheint auf sehr unterschiedliche Weise in die italienische resp. venezianische Tradition eingebunden. Durch den ab 1722 einsetzenden Unterricht bei Antonio Lotti wuchs Galuppi in eine Tradition hinein, in deren Rahmen sich im Verlauf seines Schaffens keine radikalen Brüche, sondern Entwicklungen und Wandel vollzogen. Der von Lotti kultivierte Palestrinastil galt zu Galuppis Zeiten in seiner Ausprägung als *stile antico* noch immer als die Messlatte des kompositorischen Könnens, so dass italienische Komponisten gern dessen Beherrschung durch entsprechende Werke demonstrierten.

Der Einfluss der Vokalpolyphonie im Palestrinastil ist auch bei Galuppi präsent. Dabei sind seine Kompositionen mit Elementen des *stile antico* keine archaisierende Sakralmusik. Er kopiert nicht, sondern führt fort, erweitert und passt Traditionelles seinem eigenen Stil an. Dieses schöpferische Verhältnis zur Tradition zeigt sich schon in seinen frühen Werken (*Confitebor* G-Dur [II/5], 1733) und verstärkt sich noch in den letzten Jahrzehnten seines kompositorischen Schaffens (*Credidi* a-Moll [II/11], 1771, *Qui tollis* und *Crucifixus* aus der Messe d-Moll [I/6], 1775). Mit der Übernahme der für den *stile antico* typischen Elemente wie z.B. Vorherrschen der Imitationstechnik, Gestaltung der Soggetti in Anlehnung an den Text, Einführung jeweils eines neuen Soggettos bei Beginn eines neuen Verses, intensive musikalische Ausdeutung bestimmter Wörter und Textinhalte etc., knüpft Galuppi an die Tradition an, zeigt aber zugleich neue Facetten im Umgang mit kompositorischem Material, indem er das colla parte-Prinzip allmählich aufgibt, zugunsten eines eigenständigen Instrumentalparts, eine Vielseitigkeit der Satztechnik erreicht, wenn er als Kontrast zu den kontrapunktischen Abschnitten solche in homophoner Satzweise einführt oder durch konzertierendes Wechselspiel eine beeindruckende Lebendigkeit und Farbenreichtum in die Musik hinein bringt.

Die musikalische Architektur der venezianischen Mehrchörigkeit war die zweite große Tradition, und zur Zeit Galuppis noch lebendige, wenn auch ihren Zenit schon überschrittene Praxis, die Eingang in seine Kirchenmusik fand und ihn während des gesamten Schaffens begleitete. Von Galuppi sind mehrere doppelchörige Kompositionen überliefert, die verschiedene Umsetzungsmöglichkeiten der Mehrchörigkeit dokumentieren. In den meisten Werken ordnet Galuppi den beiden vierstimmigen Vokalchören jeweils ein eigenes, mit Streichern, Bläsern und Basso continuo besetztes Orchester zu (*Laudate pueri* G-Dur [II/38], 1763 und *Miserere* c-Moll [II/45]). Gelegentlich zeigen sich jedoch Abweichungen von dieser Regel, wie ungleiche Stimmenaufteilung (*coro grande* – vierstimmig, *coro piccolo* – zweistimmig, *Lau-*

date pueri G-Dur [II/37], 1760), Stimmenreduktion (beide Vokalchöre dreistimmig, *Laudate pueri* B-Dur [II/42], 1774) oder die Verwendung nur eines Orchesters für beide Chöre (*Domine probasti me* D-Dur [II/19], 1775). Die breite Palette der Klangeffekte – von einfachen Echowirkungen bis zur Zusammenziehung der Chöre zu massiven achtstimmigen Klangblöcken – wird bei Galuppi noch differenzierter durch die Einbeziehung der Solostimmen und die gleichberechtigte Funktion des Vokal- und Instrumentalparts. Der Einsatz der musikalischen Mittel richtet sich nach dem Anlass der Komposition und nach Erfordernissen der liturgischen Texte.

Traditionsverbundenheit offenbart sich bei Galuppi auch in der liturgischen Großform der Messe, die heute bis auf eine vollständige Messkomposition nur in Form von einzelnen Messensätzen überliefert ist. Hier ist Galuppi dem Typus der *messa concertata* verpflichtet, in dem das konzertierende Prinzip eine zentrale Rolle spielt und die große Besetzung mit Gesangssolisten, Chor und Orchester mannigfaltige Möglichkeiten sowohl in Bezug auf formale Disposition als auch Klanggestaltung bietet.

Am häufigsten erhalten geblieben sind die Ordinariumsteile *Gloria* und *Credo*, deren Vertonungen eine beeindruckende Kunstfertigkeit und souveräne Handhabung musikalisch-stilistischer Mittel zeigen (*Gloria* A-Dur [I/32], 1761, *Credo* F-Dur [I/1], 1749 und *Credo* C-Dur [I/33], 1781). Die Gliederung musikalischer Abläufe richtet sich weitgehend nach dem Text, und das Wort-Ton-Verhältnis, besonders im textreichen *Credo*, ist von der Intensität der musikalischen Textverdeutlichung geprägt. Sowohl die Abfolge der Sätze als auch die Gliederung innerhalb der Satzteile sind auf satztechnische Kontraste kontrapunktischer Abschnitte und homophoner Tutti-Blöcke ausgelegt. Durch Gegenüberstellung konzertierender Klanggruppen (häufig Soli-Chor) wird der Kontrast zwischen transparenter und dichter Satztextur noch erhöht. Neue Elemente bringen solistisches, motivisch unabhängiges Hervortreten der Instrumente, Ritornellcharakter der wiederkehrenden Satzteile sowie insbesondere die Einführung der affektbetonten Accompagnato-Rezitative in die Liturgie (z.B. *Et incarnatus* aus dem *Credo* C-Dur [I/33], 1781).

Das Aufgreifen stilistischer Elemente, die ihrer Herkunft nach zur Gattung Oper gehören, wird noch nachdrücklicher in den solistisch besetzten Motetti – „motetti a voce sola". Konzertant-virtuoser Charakter, glanzvolle, koloraturreiche Anlage der meist für Sopranstimme geschriebenen Motetti, ihre ausdrucksstarke Dramaturgie und ausgereifte Instrumentalbegleitung verraten die Handschrift des Opernkomponisten Galuppi (*Sum offensa, sum irrata* D-Dur [III/8], 1747).

In der Kirchenmusik von Baldassare Galuppi, soweit man sie heute überblicken kann, zeigen sich weder offene Traditionsbrüche noch sprunghafte Umwälzungen. Verschiedene Traditionen, die Einfluß auf den Komponisten hatten, besitzen für ihn keinen musealen Wert, sondern sind ein Teil der lebendigen musikalischen Praxis, die einer stetigen Erneuerung unterliegt. Das Neue, was Galuppi einbringt, erwächst aus der Tradition durch subtile Veränderungen und individuelle Handhabung der zur Verfügung stehenden musikalischen Mittel. Dass daraus stellenweise Charaktereigenschaften entstehen, die in die Zeit der Frühklassik hineinragen, kann als Galuppis Beitrag gewertet werden.

X. HÄUFIG ZITIERTE LITERATUR

CAFFI 1854/55: Caffi, Francesco: Storia della musica sacra nella già cappella ducale di San Marco di Venezia dal 1318 al 1797, 2 Bde., Venedig 1854/55, Reprint Hildesheim/New York 1982

GALUPPIANA 1985: Galuppiana 1985. Studi e ricerche. Atti del convegno internazionale (Venezia, 28-30 ottobre 1985), hrsg. von Maria Teresa Muraro und Franco Rossi, Florenz 1986

GEYER 2004: Geyer, Helen: Beobachtungen an einigen Vertonungen des 112. Psalms „Laudate pueri" für die venezianischen Ospedali (Conservatori), in: Musik an den venezianischen Ospedali/Konservatorien vom 17. bis zum frühen 19. Jahrhundert. Symposion vom 4. bis 7. April 2001 Venedig, hrsg. von Helen Geyer und Wolfgang Osthoff, Rom 2004, S. 149-218

GEYER 2005: Geyer, Helen: Das venezianische Oratorium 1750-1820: Einzigartiges Phänomen und musikdramatisches Experiment, Laaber 2005, 2 Bde.

HUCKE 1982: Hucke, Helmut: Vivaldi und die vokale Kirchenmusik des Settecento, in: Antonio Vivaldi. Teatro musicale Cultura e Società. Hrsg. von Lorenzo Bianconi und Giovanni Morelli, Florenz 1982, S. 191-206

OVER 1998: Over, Berthold: Per la Gloria di Dio. Solistische Kirchenmusik an den venezianischen Ospedali im 18. Jahrhundert, Bonn 1998 ROSSI 1986: Rossi, Franco: Le Musiche di Galuppi nelle biblioteche di Venezia, in: GALUPPIANA 1985

PASSADORE/ROSSI 1994, 1996: Passadore, Francesco / Rossi, Franco: San Marco: Vitalità di una tradizione. Il fondo musicale e la Cappella dal Settecento ad oggi, 4 Bde.,Venedig 1994, 1996

ROSSI 1998: Rossi, Franco: La Musica Sacra di Galuppi tra Ospedali e Cappella Ducale, in: La Cappella Musicale di San Marco nell'età moderna, Atti del Convegno Internazionale di Studi Venezia 5-7-settembre 1994, Venedig 1998, S. 451-493

TALBOT 1995: Talbot, Michael: The sacred vocal music of Antonio Vivaldi, Florenz 1995

WIESEND 1984: Wiesend, Reinhard: Studien zur opera seria von Baldassare Galuppi, 2 Bde., Tutzing 1984

XI. LITERATUR

Accademia Musicale Chigiana (Hrsg.): B. Galuppi detto „Il Buranello" (1706-1785). Note e documenti raccolte in occasione della settimana celebrativa, Siena 1948

AIKEMA, Bernard/MEJERS, Dulcija: Nel regno dei poveri. Arte e storia dei grandi ospedali veneziani in èta moderna, 1747-1797, Venedig 1989

ARINGER-GRAU, Ulrike: Marianische Antiphonen von Wolfgang Amadeus Mozart, Johann Michael Haydn und ihre Salzburger Zeitgenossen, Tutzing 2002

ARNOLD, Denis: Orphans and Ladies: the Venetian Conservatories (1680-1790), in: The Royal Musical Association, 39 (1962/63), S. 31-47

- Instruments and Instrumental Teaching in the Early Italian Conservatories, in: The Galpin Society Journal, 18 (1965), S. 72-81

- Orchestras in Eighteenth Century Venice, in: The Galpin Society Journal, 19 (1966), S. 3-19

- Venetian Motets and their Singers, in: The Musical Times, 119.1622 (1978), S. 319-321

- Music at the Mendicanti in the Eighteenth Century, in: Music & Letters, 65 (1984), S. 345 ff.

ARNOLD, Denis and Elsie: The Oratorio in Venice, London 1986

- A 'Salve' for Signora Buonafede, in: Journal of the Royal Musical Association, 13./II. (1988), S. 168-171

- Galuppi's Religious Music, in: The Musical Times, 126 (1985), S. 45-50

BETTLEY, John: Psalm-Texts and the polyphonic Vespers Repertory of St. Mark's, in: La Cappella Musicale di San Marco nell'età moderna, Atti del Convegno Internazionale di Studi Venezia, Venezia 5-7-settembre 1994, hrsg. von Francesco Passadore und Franco Rossi, Venedig 1998, S. 103-117

BIANCHINI, Gigliola/BASTICCO, Gianni: Liceo-Società musicale „Benedetto Marcello" 1877-1895. Catalogo dei Manoscritti, Florenz 1989

BIANCHINI, Gigliola/BASTICCO, Gianni/MANFREDI, Caterina: Il Fondo Pascolato del Conservatorio „Benedetto Marcello". Catalogo dei Manoscritti (Prima Seria), Florenz 1990

BRESCIUS, Hans von: Die Königl. sächs. musikalische Kapelle von Reissiger bis Schuch (1826-1898). Festschrift zur Feier des 350jährigen Kapelljubiläums (22. September 1898), Dresden 1898

BURNEY, Charles: The Present State of Music in France and Italy: Or the Journal of a Tour through Those Countries, undertaken to Collect Materials for A General History of Music, London 1771, The Second Edition Corrected, London 1773

- Music, Men, and Manners in France and Italy 1770. Being the Journal written by Charles Burney, Mus. D. during a Tour through those Countries undertaken to collect material for A General History of Music, Reprint London 1974

-      Tagebuch einer musikalischen Reise, (deutsche Übersetzung von C. D. Ebe-
       ling), Hamburg 1772
BOLLERT, Werner: Die Buffoopern Baldassare Galuppis, Berlin 1935
CAFFI, Francesco: Storia della musica sacra nella già Cappella Ducale di San Marco
       in Venezia dal 1318 al 1797, 2 Bde., Venedig 1854/55, Reprint Hilde-
       sheim/New York 1982
CAHN, PETER: Zur Tradition der Motette „a voce sola" im 18. Jahrhundert, in: Die
       Motette. Beiträge zu ihrer Gattungsgeschichte, hrsg. von Herbert Schneider
       und Heinz-Jürgen Winkler, Neue Studien zur Musikwissenschaft, 5, Mainz
       1991, S. 269-281
CALAHAN, Patricia J.: The Magnificats of Baldassare Galuppi, in: The Choral Jour-
       nal, 33.12 (1992), S. 21-26
Catalogue de la bibliothèque musicale théorique et pratique de feu M. A. Farrenc
       ancien professeur et éditeur de musique, Paris 1866
CHIUMINATTO, Anthony Lawrence: The Liturgical Works of Baldassare Galuppi,
       Phil. Diss., Northwestern University 1959
CICOGNA, Emmanuele Antonio: Delle Inscrizioni veneziane, Bd. 1-6, Venedig
       1824-1853
COZZI, Gaetano: Una disavventura di pre Iseppo Baldan, Copista del Galuppi, in:
       Galuppiana 1985. Studi e ricerche. Atti del convegno internazionale (Vene-
       zia, 28-30 ottobre 1985), hrsg. von Maria Teresa Muraro und Franco Rossi,
       Florenz 1986, S. 127-131
DATA, Isabella Fragalà/VOLTURATO, Annarita: Biblioteca Nazionale Universitaria
       di Torino I, Rom 1987
DEGRADA, Francesco: Le messe di Giovanni Battista Pergolesi. Problemi di crono-
       logia e d'attribuzione, in: Analecta Musicologica, 3 (1966), S. 65-79
DE SANCTIS, Stefano/NIGRIS, Nadia: Il fondo musicale dell'I.R.E. Istituzioni di
       Ricovero e di Educazione di Venezia, Rom 1990
ELLERO, Giuseppe (Hrsg.): Arte e Musica all'Ospedaletto. Schede d'archivio
       sull'attività musicale degli Ospedali dei Derelitti e dei Mendicanti di Venezia
       (sec. XVI-XVIII), Venedig 1978
ENGLÄNDER, Richard: Johann Gottlieb Naumann als Opernkomponist (1741-
       1801). Mit neuen Beiträgen zur Musikgeschichte Dresdens und Stockholms,
       Leipzig 1922
ENGLER, Klaus: Georg Poelchau und seine Musikaliensammlung. Ein Beitrag zur
       Überlieferung Bachscher Musik in der ersten Hälfte des 19. Jahrhunderts,
       Tübingen 1984
FAULSTICH, Bettina: Die Musikaliensammlung der Familie von Voß. Ein Beitrag zur
       Berliner Musikgeschichte um 1800, Kassel etc. 1997
FÜRSTENAU, Moritz: Zur Geschichte der Musik und des Theaters am Hofe zu
       Dresden, 2 Bde. Dresden 1861/1862, Reprint Leipzig 1979
GARDNER, Johann von: Gesang der russisch-orthodoxen Kirche, Bd. II, Wiesbaden
       1987

GAZZANIGA, Arrigo: Il fondo musicale Mayr della Biblioteca Civica di Bergamo nel secondo centenario della nascita di Giovanni Simone Mayr (1763-1963), Monumenta Bergomensia 11, Bergamo 1963

GEYER [-KIEFL], Helen: Le opere sacre di Baldassare Galuppi nel tempo del suo servizio agli Incurabili, in: Galuppiana 1985. Studi e ricerche. Atti del convegno internazionale (Venezia, 28-30 ottobre 1985), hrsg. von Maria Teresa Muraro und Franco Rossi, Florenz 1986, S. 203-223

- Beobachtungen an einigen Vertonungen des 112. Psalms „Laudate pueri" für die venezianischen Ospedali (Conservatori), in: Musik an den venezianischen Ospedali/Konservatorien vom 17. bis zum frühen 19. Jahrhundert. Symposion vom 4. bis 7. April 2001 Venedig, hrsg. von Helen Geyer und Wolfgang Osthoff, Rom 2004, S. 149-218

- Das venezianische Oratorium 1750-1820: Einzigartiges Phänomen und musikdramatisches Experiment, Laaber 2005, 2. Bde.

GIAZOTTO, Remo: La musica a Genova nella vita pubblica e privata dal XIII al XVIII secolo, Genua 1951

GILLIO, Pier Giuseppe: Cantanti d'opera alla Cappella Marciana (1720-1800), in: La Cappella Musicale di San Marco nell'età moderna, Atti del Convegno Internazionale di Studi Venezia 5-7 settembre 1994, Venedig 1998, S. 119-153

GMEINWIESER, Siegfried: Die Musikhandschriften in der Theatinerkirche St. Kajetan in München. Thematischer Katalog, München 1979

GROTH, Renate: „La vera musica sarà affatto perduto". Über Kirchenmusik und Kirchenstil in der italienischen Musiktheorie des 18. Jahrhunderts, in: Das musikalische Kunstwerk. Geschichte-Ästhetik-Theorie. Festschrift Carl Dahlhaus zum 60. Geburtstag, hrsg. von H. Danuser, H. de la Motte-Haber, S. Leopold und N. Miller, Laaber 1988, S. 403-412

HADER, Wolfram: Requiem-Vertonungen in der Dresdner Hofkirchenmusik von 1720 bis 1764, Tutzing 2001

HANSELL, Sven Hostrup: Works of Solo voice of Johann Adolph Hasse (1699-1783), Detroit 1968

- Sacred Music at the Incurabili in Venice at the Time of J. A. Hasse, in: Journal of the Amerian Musicological Society, 23 (1970), S. 282-301, S. 505-521

HELL, Helmut: Die betrogene Prinzessin. Zum Schreiber „L. Vinci I" in der Amalien-Bibliothek der Staatsbibliothek zu Berlin, in: Scrinium Berolinense: Tilo Brandis zum 65. Geburtstag, hrsg. von Peter Jörg Becker, Wiesbaden 2000, S. 631-648.

HELLER, Karl: Antonio Vivaldi, Leipzig 1991

HELLMANN, Manfred: Geschichte Venedigs in Grundzügen, Darmstadt 1989

HOCHRADNER, Thomas: Das 18. Jahrhundert, in: Handbuch der musikalischen Gattungen Bd. 9: Messe und Motette, hrsg. von Horst Leuchtenmann/Siegfried Mauser, Laaber 1998, S. 189-264

HOCHSTEIN, Wolfgang: Die Kirchenmusik von Niccolò Jommelli (1714-1774), 2 Bde., Hildesheim 1984

- Die Gestaltung des Gloria in konzertierenden Meßvertonungen „Neapolitanischer" Komponisten, in: Geistliche Musik. Studien zu ihrer Geschichte und Funktion im 18. und 19. Jahrhundert, Laaber 1995 (Hamburger Jahrbuch für Musikwissenschaft 8), S. 45-64
- Die Solomotetten bei den Incurabili unter besonderer Berücksichtigung der Kompositionen Jomellis, in: Musik an den venezianischen Ospedali/Konservatorien vom 17. bis zum frühen 19. Jahrhundert. Symposion vom 4. bis 7. April 2001 Venedig, hrsg. von Helen Geyer und Wolfgang Osthoff, Rom 2004, S. 321-367

HORN, Wolfgang: Der „antique Kirchen-Stylus" und die Musik Palestrinas. Bemerkungen zur Palestrina-Pflege und zur Komposition im „gebundenen Allabreve-Stil" am Dresdener Hof zur Zeit Heinichens und Zelenkas, in: Aufführungs- und Bearbeitungspraxis der Werke Palestrinas vom 16. bis zum 20. Jahrhundert, hrsg. von Friedrich Wilhelm Riedel, Sinzig 1998 (Kirchenmusikalische Studien, Band 3), S. 55-79

HUCKE, Helmut: Vivaldi und die vokale Kirchenmusik des Settecento, in: Antonio Vivaldi. Teatro musicale Cultura e Società. Hrsg. von Lorenzo Bianconi und Giovanni Morelli, Florenz 1982, S. 191-206
- Pergolesi: Musikalisches Naturtalent oder intellektueller Komponist? Seine Psalmvertonungen. Studi Pergolesiani I, (1986) hrsg. von Francesco Degrada, S. 179-195

KANTNER, Leopold Maximilian: Stilistische Strömungen in der italienischen Kirchenmusik 1770-1830, in: Analecta musicologica, 21 (1982), S. 380-392

KATALOGE BAYRISCHER MUSIKSAMMLUNGEN hrsg. von der Generaldirektion der bayrischen staatlichen Bibliotheken (Reihentitel)
- Haberkamp, Gertraut/Münster, Robert: Die ehemaligen Musikhandschriftensammlungen der Königlichen Hofkapelle und der Kurfürstin Maria Anna in München, München 1982
- Bischöfliche Zentralbibliothek Regensburg. Thematischer Katalog der Musikhandschriften. Sammlung Proske. Manuskripte des 18. und 19. Jahrhunderts aus den Signaturen A.R., C, AN. Beschrieben von Gertraud Haberkamp und Jochen Reuther, München 1989

KIER, Herfrid: Raphael Georg Kiesewetter (1773-1850). Wegbereiter des musikalischen Historismus, Regensburg 1968

KINDLER, Klaus: Veröffentlichungen der Niedersächsischen Archivverwaltung. Inventare und kleinere Schriften des Staatsarchivs in Wolfenbüttel, Heft 5. Findbuch zum Bestand Musikalien des herzoglichen Theaters in Braunschweig 18.-19. Jh. (46 Alt) bearbeitet von Klaus Kindler, Wolfenbüttel 1990

KLEMM, Gustav Friedrich: Chronik der Stadt Dresden und ihrer Bürger, mit sehr vielen interessanten Kupfern nach seltenen Originalen, hrsg. von Paul Gottlob Hilscher, Dresden 1837

KOLDAU, Linda Maria: Die venezianische Kirchenmusik von Claudio Monteverdi, Kassel 2001

KOSCH, Franz: Florian Leopold Gassmann als Kirchenkomponist. Studien zur Musikwissenschaft 15 (1927), S. 213-240

KRAUSE, Ralf: Die Kirchenmusik von Leonardo Leo (1694-1744). Ein Beitrag zur Musikgeschichte Neapels im 18. Jahrhundert, Regensburg 1987

LANE, FREDERIC C.: Seerepublik Venedig, München 1980

LEUCHTENMANN, Horst / MAUSER, Siegfried (Hrsg.): Handbuch der musikalischen Gattungen Bd 9: Messe und Motette, Laaber 1998

MAIER, Johann Christoph *Beschreibung von Venedig*, Bd. I, II, Frankfurt/Leipzig 1787 und 1789

MAMY, Sylvie: La Musique à Venise et l'imaginaire français des Lumières, Paris 1996

MARX, Hans Joachim: Francesco Guardis Zeremonienwerk von 1782 und Johann Adolf Hasse, in: Hamburger Jahrbuch für Musikwissenschaft, Bd. 12 (1994), S. 197-206

MARX-WEBER, Magda: Neapolitanische und venezianische Miserere-Vertonungen des 18. und frühen 19. Jahrhunderts, in: Archiv für Musikwissenschaft, XLII, Heft 1 (1986), S. 17-45, Heft 2 (1986), S. 136-163

- Rezitative in Psalm- und Stabat-mater-Vertonungen des 18. Jahrhunderts, in: Liturgie und Andacht. Studien zur geistlichen Musik. Beiträge zur Geschichte der Kirchenmusik, Bd. 7, Paderborn, München, Wien, Zürich 1999, S. 206-215

MASSENKEIL, Günter: Handbuch der musikalischen Gattungen Bd. 10: Oratorium und Passion, 2 Bde., Laaber 1998/99

MEIßNER, August Gottlieb: Bruchstücke zur Biographie Johann Gottlieb Naumann's, Prag 1803

MOORE, James H.: Vespers at St. Mark's. Music of Alessandro Grandi, Giovanni Rovetta and Francesco Cavalli, 2 Bde., Ann Arbor 1979/1981

MURARO, Maria Teresa / ROSSI, Franco (Hrsg.): Galuppiana 1985: Studi e ricerche, Atti del Convegno internazionale, Florenz 1986

OVER, Berthold: Per la Gloria di Dio. Solistische Kirchenmusik an den venezianischen Ospedali im 18. Jahrhundert, Bonn 1998

- Notizie settecentesche sulla musica a San Marco: I Notatori di Pietro Gradenigo, in: La Cappella Musicale di San Marco nell'età moderna, Atti del Convegno Internazionale di Studi Venezia 5-7-settembre 1994, Venedig 1998, S. 23-38

PASSADORE, Francesco/ROSSI, Franco (Hrsg.): San Marco: Vitalità di una tradizione. Il fondo musicale e la Cappella dal Settecento ad oggi, 4 Bde.,Venedig 1994, 1996

PETERSEN, Julius/OLSHAUSEN, Waldemar von (Hrsg.): Lessings Werke, Teil 19, Berlin 1929

PINTACUDA, Salvatore (Hrsg.): Genova Biblioteca dell'Istituto Musicale „Nicolo Paganini". Catalogo del Fondo Antico, Biblioteca Musica 4, Mailand 1966

PIOVANO, Francesco: Note bio-bibliografiche, in: Rivista Musicale Italiana, XIII (1906), S. 676-726; XIV (1907), S. 333-365; XV (1908), S. 233-274

QUANTZ, Johann Joachim: Versuch einer Anweisung die Flöte traversiere zu spielen, Berlin 1752

RAAB, Heribert: Die Romreise der Kurfürstin-Witwe Maria Antonia Walpurgis von Sachsen 1772, in: Hundert Jahre Deutsches Priesterkolleg am Campo Santo Teutonico 1876-1976. Beiträge zu seiner Geschichte, hrsg. von Erwin Gatz, Römische Quartalsschrift für christliche Altertumskunde und Kirchengeschichte, suppl. 35, Rom-Freiburg etc. 1977, S. 98 f.

RAABE, Felix: Galuppi als Instrumentalkomponist, Frankfurt/O. 1929

REICHERT, Georg: Mozarts „Credo-Messen" und ihre Vorläufer, in: Mozart-Jahrbuch 1955, S. 117-144

RIEDEL, Friedrich Wilhelm (Hrsg.): Der Göttweiger Thematische Katalog von 1830, Faksimile der Originalhandschrift, hrsg. von Friedrich Wilhelm Riedel, München-Salzburg 1779, Bd. I

ROSS, Sylvia Lucy: A comparison of six Miserere-settings from the eighteenth century Venetian conservatories, Ph. Diss. Urbana (Ill.) 1972, Ann Arbor, Michigan 1973

ROSSI, Franco: Le musiche di Galuppi nelle biblioteche di Venezia, in: Galuppiana 1985. Studi e Ricerche. Atti del convegno internazionale (Venezia, 28-30 ottobre 1985), hrsg von Maria Teresa Muraro und Franco Rossi, Florenz 1986, S.1-68.

-       La Musica Sacra di Galuppi tra Ospedali e Cappella Ducale, in: La Cappella Musicale di San Marco nell'età moderna, Atti del Convegno Internazionale di Studi Venezia 5-7-settembre 1994, Venedig 1998, S. 451-493

-       In margine agli Ospedali: i versetti per la vestizione, in: Musik an den venezianischen Ospedali/Konservatorien vom 17. bis zum frühen 19. Jahrhundert. Symposion vom 4. bis 7. April 2001 Venedig, hrsg. von Helen Geyer und Wolfgang Osthoff, Rom 2004, S. 219-236

ROUVROY, V. (Hrsg.): Dijon. Bibliothèque du Conservatoire National de Region. Catalogue du Fonds Ancien, Dijon 1991

RYOM, Peter: Vivaldi ou Galuppi? Un cas de doute surprenant, in: Vivaldi vero e falso. Problemi di attribuzione, hrsg. von Antonio Fanna und Michael Talbot, Florenz 1992, S. 25-41

SCHÜRER, Johann Georg, „Catalogo Thematico della Musica di chiesa catholica in Dresda composta Da diversi Autori secondo l'Alfabetto1765." (D-Dl, MB 4° 2022)

SEARLE, Arthur, Julian Marshall and the British Museum: Music Collecting in the Later Nineteenth Century, in: The British Library Journal, 11 (1985), S. 67-87.

SELFRIDGE-FIELD, Eleanor: Pallade Veneta. Writings on Music in Venetian Society 1650-1750, Venedig 1985

STROHM, Reinhard: Italienische Opernarien des frühen Settecento (1720-1730), 2 Bde., Köln 1976
- Dramma per Musica, Italian Opera Seria of the Eighteenth Century, New Haven and London, 1997
TALBOT, Michael: Vivaldi's Venice, in: The Musical Times, 119. 1622 (1978), S. 314-319
- A Vivaldi Discovery at the Conservatorio „Benedetto Marcello", in: Informazioni e studi vivaldiani, III (1982), S. 3-12.
- Tenors and Basses at the Venetian Ospedali, in: Acta musicologica 66, Kassel 1994, S. 123-138
- The sacred vocal music of Antonio Vivaldi, Florenz 1995
- Antonio Vivaldi. Beatus Vir Salmo 111, Mailand 1995 (kritische Ausgabe)
- A New Vivaldi Violin Sonata and Other Recent Finds, in: Informazioni e studi vivaldiani, Bollettino annuale dell'istituto italiano Antonio Vivaldi, 20 (1999), S. 111-131
VALDER-KNECHTGES, Claudia: Musiker am Ospedale degl'Incurabili in Venedig 1765-1768, in: Die Musikforschung, 34 (1981), S. 50-56
- Die Kirchenmusik Andrea Luchesis (1741-1801). Studien zu Leben und Werk des letzten kurkölnischen Hofkapellmeisters, Beiträge zur rheinischen Musikgeschichte, 134, Berlin/Kassel 1983
VIO, GASTONE: Le Confraternite nella chiesa di San Marco, in: La Cappella Musicale di San Marco nell'età moderna, Atti del Convegno Internazionale di Studi Venezia 5-7 settembre 1994, Venedig 1998, S. 243-258
WIESEND, Reinhard: Il giovane Galuppi e l'opera. Materiali per gli anni 1722-1741, in: Nuova Rivista Musicale Italiana, 17 (1983), S. 383-397
- Studien zur opera seria von Baldassare Galuppi: Werksituation und Überlieferung – Form und Satztechnik, Inhaltsdarstellung, 2 Bde., Tutzing 1984
- Zur Gattung Baccanale, in: Liedstudien – Wolfgang Osthoff zum 60. Geburtstag, hrsg. von Martin Just und Reinhard Wiesend, Tutzing 1989, S. 313-334
WITZENMANN, Wolfgang: Stilphasen in Hasses Kirchenmusik, in: Colloquium „Johann Adolf Hasse und die Musik seiner Zeit" (Siena 1983), Bericht hrsg. von Fr. Lippmann, in: Analecta Musicologica, 25 (1987), S. 329-371
- Zur Behandlung des stile osservato in Alessandro Scarlattis Kirchenmusik, in: Colloquium Allesandro Scarlatti Würzburg 1975, hrsg. von Wolfgang Osthoff und Jutta Ruile-Dronke, Tutzing 1979, S. 133-152
Zelenka-Dokumentationen. Quellen und Materialien. In Verbindung mit Ortrun Landmann und Wolfgang Reich vorgelegt von Wolfgang Horn und Thomas Kohlhase,2Bde.,Wiesbaden1989